创业创富

· 个人品牌实战指南 ·

劳家进　夏聪 ◎ 著

台海出版社

图书在版编目（CIP）数据

创业创富/劳家进，夏聪著. -- 北京：台海出版社，2024.7. -- ISBN 978-7-5168-3922-5

Ⅰ.F241.4

中国国家版本馆 CIP 数据核字第 2024VF6246 号

创业创富

著　　者：劳家进　夏　聪

责任编辑：魏　敏　　　　　　　封面设计：陈羽茜

出版发行：台海出版社
地　　址：北京市东城区景山东街 20 号　邮政编码：100009
电　　话：010-64041652（发行，邮购）
传　　真：010-84045799（总编室）
网　　址：www.taimeng.org.cn/thcbs/default.htm
E-mail：thcbs@126.com

经　　销：全国各地新华书店
印　　刷：三河市新毅彩色印刷有限公司

本书如有破损、缺页、装订错误，请与本社联系调换

开　　本：880 毫米 × 1230 毫米　　1/32
字　　数：200 千字　　　　　　　　印　张：11
版　　次：2024 年 7 月第 1 版　　　 印　次：2024 年 7 月第 1 次印刷
书　　号：ISBN 978-7-5168-3922-5

定　　价：69.80 元

版权所有　　翻印必究

《创业创富》这本书,我用 15 天的时间就写完了。不少朋友问我:"为什么可以写得这么快?"我很冷静地回复说:"其实很简单,一本书大概有十几万字,我每天写个万儿八千字,就这么写着写着就写完了,就像做小学数学题一样。"听起来我好像很"凡尔赛",但这确实就是事实。

而我之所以这么回答,是因为我相信,创业创富其实跟写书一样,也是数学题,只要找到最关键的核心要素,填入公式中,就可以得到你想要的结果。

不过,我想和你说,这本书确实是我进入知识付费领域 8 年以来的积累。我把我见过的那些年入百万、年入千万的人的赚钱经验总结了出来,分享给你。而且,这些经验,我都力求做到可复制。

当我把稿子交给出版社的时候,我想我已经做到了。因为编辑看完后跟我说,这本书的内容很实用,无论是对于普通人,还是对于已经在创业的人来说,都很有参考意义。当然,最后的效果,还是因人而异。

这本书到底写了什么呢？

首先是化繁为简，拆解出了赚钱必备的 3 大要素：产品、流量、销售。而这也就是书中所写的创业创富 3 大法宝，不过其底层思路是内容的创作力。因为，无论是产品的打造、流量的获取还是最后的成交，都离不开内容的创作。

全书围绕这 3 大法宝——怎么来打造产品，怎么来策划一款好卖的产品；怎么来获取流量，甚至不用做公域，只要经营好私域就能"小而美"地创业；怎么做好销售，怎么抢占用户的心智进行展开。

在每一部分内容中，我不仅透过人性，透过心理学，像剥洋葱一样层层推进地分享了每个要素背后的底层逻辑，也毫不保留地给出了可以直接参考，甚至可以直接"抄作业"的案例和方法。

比如，在产品策划阶段，怎么把自己的经验产品化的同时，又能够把产品营销化？也就是说，怎么才能做出一个既叫好又叫卖的产品？

自 序

我不仅帮你迎合人性解构出了用户关心的利益点，还给你提供了一个价值百万的万能表格。只要你按部就班地进行填写，即可打磨出一款极具销售力的产品。另外，用这个表格来策划产品，你还可以实现"一鱼多吃"，即你所打磨出的内容，既可以用于朋友圈和公众号文章的写作，又可以用于短视频的拍摄。

再比如，在流量的私域引流阶段，怎么进行互推，怎么在别人的付费社群里获取流量，怎么做好视频号的公转私，怎么经营好他域……我不仅详细地拆解了每个动作需要注意的要点，同时也给出了文案和话术模板。每个关键步骤，你只要听话照做，以后你就再也不会为流量而焦虑。

又比如，在销售阶段，我更是结合自媒体时代的特点，给出了普通人可落地的方法论和公式：销售变现＝产品＋"摆摊"＋"吆喝"＋交付。并且仅就"摆摊"中的"怎么写朋友圈"，我不仅拆解了一个人之所以有所行动的背后的心理，给出了写朋友圈的公式，并且还做了示范。可以毫不夸张地说，只要你按照模板来写，假以时日，你就能打造出一个具有强销售力的朋友圈，就会有人自动自发地给你付费。

  当然，想要从产品策划到最后的变现，这其中就要经历个人品牌的打造，即要解决客户的认知、认可和认购的问题。

  所以，我在本书中对个人品牌、个人品牌的定位、个人品牌的打造，都做了全面的分享。而且每一部分都做了举例说明，语言朴实无华，你一看就能懂。

  之所以追求让你一看就能懂，是因为本书在写作的时候，也是在践行本书所提出来的产品理念，即"不仅要解决客户的问题，还要降低客户使用产品来解决问题的难度"。我所写的，就是我所做的；我所做的，就是我所写的。

  总而言之，这看似是一本"赚钱"的书，但实则又是一本对人性进行剖析的著作。想要拿到你想要的结果，除了要懂人性，顺应他人的人性，更要懂得对抗自己的人性。先利他才能利己，财富和影响力都是先从给予他人获得的。

  最后，祝福你，能在这本书里找到你想要的答案，不仅学到，还做到。

劳家进
2024 年 6 月 1 日

你好，我是李海峰，独立投资人，在投企业28家；爆款畅销书出品人，已出版40余本合集；DISC+ 社群联合创始人，亲自服务5000多名授权讲师。

这是家进和聪聪的第一本著作，很荣幸我是第一位读者。书中的内容都是他们实践多年的经验和方法总结，大体内容，家进在自序中已经写得很清楚，在此我就不再赘述了。

我这篇小短文就是聊一聊，我们之间的一些琐碎小事，丰富一下你对他们的"想象"。

家进和聪聪，他们俩是在DISC+ 社群里认识的，当年他们一个是广州群主，一个是北京群主。家进为了聪聪，跑去了北京4年，后来两人一起回到广州定居。从相识、相恋到相知，他们领结婚证的时候，我就像他们的兄长一样高兴，并且还激动到没有一秒迟疑地转发朋友圈祝福。

"让亲人成为有血缘关系的朋友，让朋友成为没有血缘关系的亲人"，这是我们的社群文化，而他们是这句话最好的践行者

和示范者。

我们仨各自有很多个微信号,全部在一个群里,群名叫"**生活一定要有聪进**"。"聪进",谐音"冲劲"和"憧憬"。我们这个时代,需要更多的希望,更多的行动。而在我的价值观里,人生没有失败,要么学到,要么得到。所以,有希望,有行动,就会有收获。

DISC+ 社群是一个自组织的社群,没有员工,没有分润,也没有代理,当然,也不给任何人发工资。

但家进和聪聪,他们却可以在 9 年的时间里,只要社群有需要,就全力以赴地投入,同时靠自己打造个人品牌创业创富,把自己的小日子过得有滋有味的。说实话,我是真的为他们高兴,不得不感叹一声:"这小两口是真的很不错。"

对于富的状态,每个人追求的也不一样,但在我的观念里,有人爱,有事做,就是"富"。而毋庸置疑,他们做到了。我们要过的是**物资充裕、精神富足的富中之富**的人生。

另外,我不得不说,**论学习能力,论实践能力,论创新能**

力，论输出能力，他们俩在我认识的年轻一辈中，都是一等一的。 他们在各自担任了多本畅销书主编的情况下，有了第一本自己的书，我很为他们感到自豪。

书中写我的部分，我只字未改，因为那是他们真实的认知。也许有对我的过誉，但我想那其中有他们想传递的东西，不过，你吸收到什么更为重要。

最后，跟你分享一句我说过的，"聪进"很喜欢的话："**你永远赚不到你行动之外的钱！**"期待未来我们也有更多的连接。请带上我的祝福，开始读起来吧！

李海峰

2024 年 6 月 25 日

CONTENTS
目　录

01

底层逻辑：创业创富不可或缺的 3 大秘籍

3 个步骤，让你把产品卖爆	005
不做公域，你也能"小而美"地创业	021
销售变现：1 个公式实现客户终身价值的打造	035

02

变现框架：个体变现必须要掌握的框架思维

做大事和做小事的难易程度是一样的	070
决定产品价格的 5 大要素	075
个体创业创富的 2 大方向和 6 条路径	084

落地公式：1个公式让你从知道到赚到

好产品的 4 个标准	103
1 张表格助力你打造出叫好又叫卖的产品	121
从低客单价到高客单价的产品体系搭建	128

个人品牌：从个人品牌定位到个人品牌的打造

重新定义个人品牌	134
做个人品牌定位是为了成为第一	143
怎样才能做好个人品牌的定位	154
打造个人品牌必备的 3 大能力	174
打造个人品牌的 4 段论	190

目 录

私域运营：从精准的高客单价客户引流到私域变现

私域引流的重要性：没有私域就没有未来　　　　200
私域引流：精准高客单价客户引流的 5 大模式　　　203
社群运营：如何打造一个自运转、高变现的社群　　237

发售：一场发售变现 1300 万的核心秘诀

发售：集中式、批量化赚钱的技术　　　　　　　287
做好发售必备的 6 大思维　　　　　　　　　　289
发售可复制的 9 大流程和步骤　　　　　　　　311

· 3 ·

底层逻辑 01

创业创富
不可或缺的 3 大秘籍

在自媒体时代，每个人都想要通过打造自己的个人品牌，实现个体创业创富，走上人生巅峰。但是，到底是什么决定了一个人收益的多少呢？

不管是讲线上课，还是讲线下课，我都会问学员这个问题。不同的人往往会给出不同的答案。我整理了一下，至少有20个：

人脉、资源、流量、直播、销售、产品、勤奋、态度、服务人群、产品定价、营销能力、团队、技能、沟通能力、整合能力、积累、文案能力、写作能力、演讲能力、产品迭代能力、学习能力……

这些都对，但却都不是我想要的答案。因为我们要找到的是那个问题背后的"1"，这个"1"就是决定性因素，一切都

01 底层逻辑
创业创富不可或缺的 3 大秘籍

要在这个"1"的基础上搭建起来。没有它,一切就都是空中楼阁。

这个"1"到底是什么呢?我觉得在自媒体时代,这个"1"就是内容力,即内容创作力。内容创作力决定了一个人的收益。

具体的原因,我会在本书后面的章节,进行详细的拆解。在这里,就算是我给你卖的一个关子和埋下的一个伏笔。当然,你也可以带着对这个问题的好奇阅读本书。我也可以非常直白地告诉你,其实,本书从头到尾的底层逻辑就是这 3 个字——内容力。

接着问你第二个问题:赚钱对于一个普通人来说,你觉得至少需要具备什么条件或满足什么要素?

这个问题,我也经常在创业创富的课堂上问大家,很有意思的是,每个人给出的答案也都不尽相同。

有人说一个人要赚钱,必须要有富人思维,必须得有行动力、执行力;有人说,必须得有明确的定位;有人说,必须要会发朋友圈……

各有各的答案。如果你拿这个问题去问身边的朋友们,我相信,你也会得到不一样的答案。

我是一个非常喜欢化繁为简的人,即分析一个问题的时候,我更喜欢抽丝剥茧,找到最核心、最直接,但又是最简单且可落地的要素,这些要素的组合,就是个体创业创富最简洁的思

维框架。

这种思维框架可以让我们发现事物表象背后的奥秘，不遗漏任何一个方面，又可以帮我们延展出更多解决问题的思路、方法和技巧。

那么一个人，尤其是普通人，想要赚钱，要具备的最为核心的要素到底是什么呢？我个人觉得，至少要具备这3个要素：产品、流量和销售。

这就是我认为的最简洁的创业创富思维框架，即创富3大法宝：产品、流量和销售。

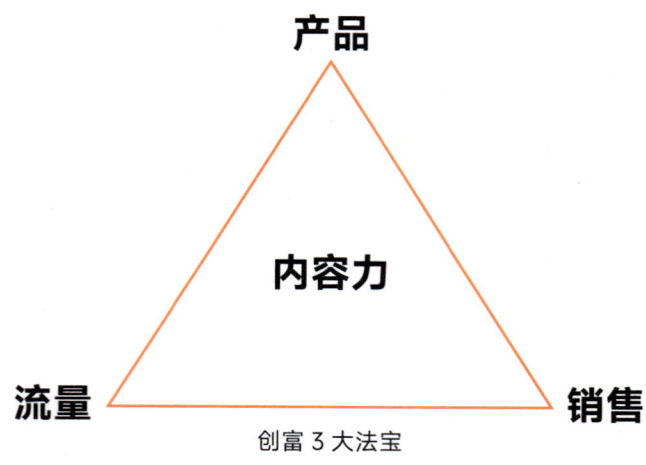

创富3大法宝

3个步骤，让你把产品卖爆

➤ 创富第一法宝：产品

任何人，想要赚钱，都得要有产品。

比如，农民想要赚钱，就得种出农作物，农作物就是农民的产品；比如，餐厅想要赚钱，就得做出饭菜，饭菜就是餐厅的产品；比如，培训师想要赚钱，就得打磨出课程，课程就是培训师的产品……

但凡你想要赚钱，你就得有产品，无论你是谁，也不管你身处哪行哪业。也就是说，你想让别人把钱给你，你就得有相对应的产品跟别人交换。

当然，也许你会说，我看有些人没有产品也能赚钱，比如通过炒股、打工等来赚钱。其实，股民想要通过股票交易来赚钱，是需要智慧的，他的智慧就是他的产品。打工更是如此，打工族卖的是自己的时间，他的时间就是他的产品。

　　金钱流动的背后，是产品的流动。要么是有形的产品，要么是无形的产品。

　　作为一个个体，有产品跟没有产品，差距非常巨大。

　　我有一个在广州工作的朋友，每次见面，他都跟我说，以前房贷压力就大，现在有了孩子，每个月又要多花几千元的奶粉钱。然后他就问我：你有没有什么可以赚钱的方法？

　　每一次，我跟他说：你想要赚钱，就要做一个产品出来。你有了产品，你的客户才会给你钱。

　　而且我也跟他分析了他的私域情况，并且告诉他与其"卖"别人，不如"卖"自己，你要思考的是做出什么产品。但每次聊完后，下次见面再问他：你的产品做出来没有？得到的回复都是两个字：没有。而我也就只能笑一笑。

　　无独有偶，我另一个朋友，之前在深圳工作，后来想要追求相对自由的生活，所以回了老家。回到老家后，他就把自己定位为一个职业读书人。

　　他其实非常有才华，高中的时候就拿过市级优秀作文奖，大学读的是文学专业，毕业后还做过一段时间的记者。在家里，他一边读书，一边写作，但就是赚不到什么钱。

　　然后他就跟我聊天，问我有没有什么赚钱的方法。我就说，你得做一个产品出来，比如你可以教教别人怎么写文章，或者是你开展读书会，带别人读书。因为只有这样，你通过写文章吸引来的粉丝，才会给你钱。

但可惜的是，到目前为止，在他的公众号文章和朋友圈里，我都没有看到任何产品宣传的影子。他有非常强的内容创作力，这也是他的兴趣所在，但就是没有变现。

因此，到现在他也是过着相对比较清苦的日子，每天喝喝茶、撸撸猫。在别人看来，他悠闲自在得很，但实际上他在财务方面有一些困难，又因为父母每天的念叨，压力也不小。

接下来是我第三个朋友的故事。

我这个朋友在杭州，是某知名院线影城的经理。

在职场上，他混得风生水起，不仅擅长管理工作，而且对自己的业务也很精通，尤其是在做宣传海报方面，非常专业。他的家庭也很幸福，有一个很可爱的儿子。

但是，人算不如天算，人们都在居家的那几年，他几乎每天都在挠头，不知到底什么时候能开门营业，同时也在到处寻找，是否有什么方式可以带来新的现金流。

好在当时，我们的线上业务实现爆发式增长，急需人手，所以跟他一起合作了很多企业的线上内训项目。他负责帮我们做项目的视觉呈现，包括制作课程详情海报、朋友圈海报、入学邀请函海报、金句海报、倒计时海报等。

后来因为他的海报做得实在是太好了，基本上只要我们一发朋友圈，就会有人来跟我们要模板。所以后来，我们就帮着

他一起做了海报的线上训练营。让所有人备感惊喜的是，训练营一经发售，就卖了2000多份。再后来，我又建议他开发了企业PPT内训的线上课程。

从此，他就从0到1，拥有了自己的产品，成了一个有产品的人。而就是这些产品，帮他度过了最困难的时期。

一直到现在，因为他之前的积累，时不时地，他还能接到一些企业内训、PPT定制及海报制作的项目。

你看，这就是有产品和没有产品的区别。

一个人有了产品，就开启了自己的多渠道收益，创造了新的现金流，并且渡过了困境，跨越了周期。但是，如果没有产品，他就会一直陷在生活的旋涡中，原地打转。

这就是我三个朋友的故事，希望这些故事能给你带来一些启发。同时我也希望借着这三个朋友的故事告诉你，作为一个个体，想要创业创富，首先你一定要拥有自己的产品。

而且，有了产品，你不管是付费学习什么课程，你的目标都会更明确——我既是来学习的，更是来找客户的。同时，当你有了产品，参加任何的线下聚会，你才不至于进行无效社交，相反，你会更自信，因为你可以明确地告诉所有人，你可以帮他们解决什么问题，从而实现变现。

➤ 没有产品怎么办

如果你没有产品，怎么办？

答案是，你要么自己打磨、创造产品，要么代理别人的产品，成为别人的渠道。

代理别人的产品，或是成为别人的渠道，本质上就是低买高卖，做中间商赚差价。

比如我的小姨，她在菜市场里卖鱼，每天跟我姨丈去海边把渔民的鱼低价收购过来，然后拉到菜市场里高价卖出去，以此来赚取差价。

再有，我们之前做某读书会的代理，也是一样的。某读书会按照不同的代理级别，给我们不同等级的代理价格。然后，我们按照统一的市场价 365 元将其卖出，赚取差价。

这都是低买高卖。赚取的，都是佣金。

代理产品，尤其是代理虚拟产品，比如课程。好的地方在于，你只负责卖，不用管交付，因此你并没有什么额外的成本，你赚的是纯利润。

但不好的地方是：

（1）交付的人不是你，所以你没有办法保证交付的质量；

（2）售卖产品的时候，你是以你的个人品牌在为其做"背书"。也就是说，客户之所以买你代理的产品，那是因为相信

你。如果你代理的产品交付没问题还好,一旦出现问题,你就是在以你的个人信誉承担风险。

所以,代理前的项目调研非常重要。但是对于普通人来说,他们很难获取非常全面而又准确的信息。

因此,经过多年的实践和经验积累,我非常不建议你去代理他人的产品。相反,我更偏向于打磨自己的产品,把产品交付的主动权牢牢地掌控在自己的手中。而且,也只有这样,随着时间的推移,你才能在自己的身上形成品牌的积累,你也才会真正地成为时间的朋友。

➤ 3个步骤,把产品卖爆

刚刚我们提到了诸如课程类的虚拟产品,跟虚拟产品相对应的,是实体产品。实体产品,就是我们看得见、摸得着的产品。

你觉得,实体产品和虚拟产品,哪个更好卖?

有好卖的实体产品,也有不好卖的实体产品;有好卖的虚拟产品,也有不好卖的虚拟产品。没有绝对答案。

但不管怎么样,如果你是卖化肥的,你怎么才能把化肥卖得更好呢?怎么从平时一包一包甚至一吨一吨地卖,变成一年一年地卖呢？换句话说，你怎么才能让客户从一包一包地购买，变成愿意按照一年一年的量来购买？

接下来，我给你分享 3 个步骤，让你把产品卖爆。

第一步：一定要想客户所想

想客户所想？没错。你想要把自己的产品卖出去，就一定要站在客户的角度去思考：他为什么要购买你的产品？

比如，客户为什么要买烤箱？为什么要买汉堡？为什么要买这个课程？为什么要买化肥？他购买产品背后的需求是什么？他想用产品来解决什么样的问题？

任何人购买一款产品，都是因为他有一个待解决的问题，或者是有一个要完成的任务。

也就是说，客户购买产品，关注的并不是产品本身，而是产品是否可以帮他解决某个问题。

比如，客户买烤箱，他关注的可能并不是这个烤箱是什么材质做的，而是能否帮他做好烘焙，好让他可以给孩子们做出爱吃的蛋糕，让他们吃得更健康。

客户买一个汉堡，并非关心这个汉堡是用什么面粉做的，而是能否帮他快速简单地解决一顿午饭，好让他下午不至于挨着饿给客户做报告。

客户买一个课程，并非关心这个课程到底有多少节，而是

它能否帮自己赚钱，拿到自己想要的结果。

这是什么？这就是客户的需求。

同理，客户买化肥的目的是什么呢？是不是增产增收呢？毋庸置疑！

既然是增产增收，我们要做的就是围绕客户的这个需求，给他提供相应的解决方案。而产品，就是你要给客户的解决方案。

但不管怎么样，在这儿，首先要特别提醒你，一定要把客户的想要、需要和需求区分开。因为如果你混淆了这三个概念，你就很难把产品卖出去。

什么是客户的想要、需要和需求呢？

客户的想要。比如说，客户看了贾玲的电影《热辣滚烫》，然后激动地说，我也想减肥。但这可能只是客户随口一说，只是想想，他并不一定会付诸行动。

客户的需要。比如说，他吃饱喝足了，摸着自己圆咕隆咚的肚皮说："哎呀，我真的需要减肥了，再不减肥，我的衣服恐怕都穿不下了。"这是他的需要，但他可能还是会因动力不足而未能实施，因为这并没有达到需求的程度。

那什么是客户的需求呢？就是客户愿意付出代价的需要。比如，为了减肥，我愿意忍受美食的诱惑和运动的疲惫，甚至，我愿意为此付出高额费用聘请教练。

这才是客户的需求。

01 底层逻辑
创业创富不可或缺的 3 大秘籍

因此，如果你想要客户购买你的产品，就要把他的想要和需要变成需求。

客户会有哪些需求？

按照马斯洛的需求理论，人的需求有 5 个层次，分别是生存需求、安全需求、归属需求、尊重需求、自我实现的需求。

也就是说，在挖掘客户的需求时，你就可以看看你的产品，到底满足了这 5 个需求中的哪一个，甚至是哪几个。

又或者，你可以通过问卷调查的方式，统计过往你的客户在购买你的产品时，他们更偏向于满足什么需求。从而来倒逼你去设计与客户做销售的 SOP（标准作业程序），从而提升你的成交率。

但遗憾的是，很多时候，即使你挖掘出了客户的需求，客户可能也不会给你付费。因为他并没有感觉到很"痛"。

比如，你在跟一个拥有三个孩子的宝妈沟通时，你发现了她的需求是做副业赚钱，而且你也告诉了她，你有一个很好的副业变现的项目。但是她可能会告诉你，我都带三个娃了，哪还有时间做副业。所以她没给你付费。

为什么做副业变现明明是她的需求，她反而会拒绝你，不给你付费呢？答案很简单，因为你没有找到她需求背后的痛点，你并没有戳到她最痛的地方。也就是你并没有发现，在什么场景下，她这个需求是最强烈的。

一个人只有感觉到痛,才会为需求付费。

假设,还是刚刚那个宝妈。她在什么情况下对副业的需求是最强烈的呢?

你需要把它场景化。比如,跟孩子爸爸伸手要钱买奶粉,爸爸突然问"不是才刚给过你钱"的时候;比如,想要给孩子报兴趣班,自己因为没有钱所以没有决定权,不得不回家跟老公商量的时候……如果你想要与她成交,你就一定要把这些场景描述出来。

因此,如果你想要把产品卖出去,甚至卖爆,第一步,你就一定要想客户所想,思考客户为什么要购买你的产品,他是为了解决什么问题,满足什么需求;他是在什么场景下,这个需求最强烈,在什么情况下,他会为了这个需求马上付款。

同理,客户为什么要买化肥呢?也就是客户买化肥是为了什么呢?为了增产增收。那在什么场景下,这种增产增收的需求最强烈呢?

也许是想到邻居家每年的收成比自己好的时候;也许是想到自家孩子要盖房买车结婚的时候;也许是想要得到家里人的尊重,向家人证明自己的能力与价值的时候……

所以,在成交客户的时候,千万不要只是停留在给客户介绍产品的阶段,而是要真正地去挖掘出客户的需求,找出客户的痛点。

第二步：重新定位，改变角色

挖掘出客户的需求，找出了客户的痛点后，接下来要做的，就是重新定位，改变角色。

比如，客户想要通过化肥增产增收。那你就要考虑，是否可以把自己定位成一个让庄稼增产增收的专家，来协助客户达成所愿，而不只是把自己定位成一个卖化肥的销售人员。

相比于销售人员，客户也会更愿意相信专家。因为从某种程度上讲，客户和销售就是一对"天敌"。如果你只是一个销售，客户可能就不会那么容易信任你，因为他会觉得你所讲的只是为了成交。而且，往往最后，你也会陷入跟客户的讨价还价中。

但如果你是专家，你就可以输出自己的专业知识，打造自己的个人品牌，重塑客户对你的认知。树立起自己的专家形象，更容易赢得客户的信赖和认可。

第三步：策划一款一招制敌的产品，让客户看了就想买

完成了想客户所想和自我的重新定位后，接着你就可以围绕客户的目标，重新策划产品，来获得定价权，并把产品从一件一件地销售，做成一年一年地批量销售。

比如，为了帮客户实现增产增收，你就可以策划一个一招制敌、让客户一看就想买的产品。给客户提供"增产增收的年度陪跑"服务，包含以下 4 大权益：

1. 第二年种什么更赚钱的市场预测服务。
2. 提高亩产量的年度个性化服务。
3. 提供何时能卖出更好价位的顾问服务。
4. 提供销售推广的渠道保障服务。

以上4项，每一项都是客户真正想要和关心的，每一项也都是为了实现客户的增产增收。与此同时，告知客户，年度服务的定价就是一年用量的化肥的价格，只要你购买这项服务，就这项服务赠送一年用量的化肥。

所以你看，这不就把化肥的一包一包地零售，变成了一年一年地批发了？这样做有什么好处？

（1）提高了客单价，从一次性卖出一包化肥，变成了一次性卖出客户一年用量的化肥，获得了更大的现金流，也保障了更大的利润。

（2）年度陪跑给客户提供的是定制化的服务，这意味着你重新拥有了定价权，从此，便不会再陷入跟同行的价格战和与客户的讨价还价之中。

（3）通过满足客户的真正需求，在服务客户的过程中，跟客户建立了更牢固和持久的关系，更有助于打造客户的终身价值。

这就是把产品卖爆的 3 大步骤。

第一步，想客户所想，挖掘出客户真正的需求。

第二步，重新定位，改变角色，从销售变成专家。

第三步，重新策划一个一招制敌的产品，让客户看了就想买。

以上 3 大步骤，就是围绕客户的需求，重新策划自己的产品的路径，也是可以帮助你重新梳理自己的定位的方法。

➤ 引流品 VS 利润品：低转高的核心秘诀

产品是创业创富不可或缺的要素，其重要性怎么强调都不过分。但想要打造好个人品牌，策划出自己的爆款产品，实现创业创富，就必须要充分地了解产品，尤其是产品的分类。

产品的分类有很多种，除了可以按照虚拟产品和实体产品来进行分类，还可以按照引流品和利润品来进行分类。

什么叫作引流品？

所谓引流品，就是牺牲当下的利润或给客户提供便利以换取流量的产品。

免费课程或者低价的 1 元课程，就是引流品；我们逛超市

时，经常看到的各种可以试吃的面包和水果，也是引流品；摆在餐厅门口的今日特价菜，其实也是引流品；肯德基和麦当劳的甜筒，也是引流品，但其实它们最大的引流品，是可以免费使用的厕所。同样，汽车服务站的引流品，也是可以免费使用的厕所。

所以你会看到，汽车服务站中的厕所，都会建在服务站的最里面。目的就是不管你是进去还是出来，都得让你经过所有的商店。进去的时候，急匆匆，你可能不买，但是没关系，出来的时候，你慢慢悠悠的，经过时就有可能去购买了。

因此，引流品，顾名思义，最重要的作用就是吸引人流。它还有一个非常重要的作用，就是让客户验货。

比如，免费或者是低价课程，就是为了让客户能够低门槛进入，了解这个课程到底是讲什么的，是否是自己所需要的，老师是否是自己喜欢的……以此来帮助客户判断是否有必要为后端的产品付费。

所以，好的引流品，尤其是课程类的产品，一定是要干货感十足的，否则就不会有后续的转化和复购。因此，即使是作为引流品的课程，在内容的交付上也一定要诚意十足，因为只有这样，才能够让客户觉得你很专业、很有料。

但是，如果只是在交付上诚意十足，那还不足以让客户买单，你还要用心去设计成交的流程。只有这样，客户才会如你

01 底层逻辑
创业创富不可或缺的 3 大秘籍

所愿地为你付费。

这也就是我们所强调的，交付，不仅是交付，也应该是被精心设计过的销讲（销售演讲）。当然，高手可以做到无痕销讲，不销而销。但无论如何，想要得到客户的认可，又要客户认购，一句话总结就是：交付要诚意十足，成交要用心设计。

交付诚意十足，强调的是，你得先利他。给客户他想要的，满足客户的需要，利他才能利己。而不是什么都不给，就只想要客户买单。

不过，在这里，我要特别提醒的是，给客户想要的，是给认知，不给方法；给战略，不给战术。因为如果你把认知和方法都给他了，把战略和战术都给他了，客户就会觉得他都学会了，反而不来找你了。

但事实是，他只是学会了一招半式，甚至还是一知半解。然后他就自己热火朝天地去做，最后赔了夫人又折兵，就又会觉得是你的方法不对。你等于是既害了他，又让他远离了你。

而你呢，也没有拿到你想要的结果。所以结果就是，既不利他，也不利己。因此，好的引流品一定是口碑绝佳且带销转力的产品。而这个销转力，就是要设计出来的。

口碑绝佳，利他；自带销转，利己。利他的同时利己，你做这件事情才可以持续。如果一件事情，只有利他，自己却没有得到任何的正向反馈，这件事情势必不会持久，因为你在违

背自己的人性。

什么叫作人性？人性就是想赚钱，想赚很多钱，还想轻轻松松就能赚很多钱。

你长期利他地付出了，但是从不设计如何收钱，那你就是在违反自己的人性。我们不一定要去迎合人性，但是一定不要去对抗人性，不仅包括别人的人性，也包括你自己的人性。

与引流品对应的就是利润品

所谓利润品，就是能给自己真正带来利润的产品。设计引流品的最终目的是销售利润品。因此，作为一个想要创业创富的个体，你至少要拥有两个产品：一个是引流品，一个是利润品。

引流品，可以帮你吸引流量，获得客户的认知和认可。利润品，能给你带来真正的利润。

一个个体创业创富者，尤其是希望打造个人品牌变现的个体，可以打磨哪些利润型的产品呢？我们将会在下一章节中进行探讨。

不做公域，你也能"小而美"地创业

➤ 个体创业，是先做产品，还是先做流量

通过阅读前面的内容，你应该已经知道了，作为一个个体，想要创业创富，首先你得有产品。但是，只有产品还不够，你还得找到产品的目标客户，只有这样，才能实现变现。

接下来我们就聊一聊创业创富的第二个核心要素：流量。

在此，先问你一个问题。对于个体来说，想赚钱变现，是先做产品，还是先做流量？

不管你的答案是什么，我的建议都是，先做产品。

因为如果你没有先做产品，而是先做流量，那么你获取到的流量，很可能并非精准流量，或者叫作不可变现的流量。

当然，如果你有机会成为全网超级大IP，获得了"泼天"的流量，即使你前期没有自己的产品，后期直接做直播带货也是可以实现变现的。

但是，普通人成为超级大 IP 的可能性小之又小。因为在某种程度上，是否能把流量做起来，有的时候要靠运气，而单纯靠运气把流量做起来，这本身就是一个小概率事件。

所以，并不是每个人都能拿到大流量。

而且，如果你是先拍短视频做流量，很可能出现的情况就是，你拍了 10 条视频没有播放量，拍了 20 条视频没有播放量，甚至拍了 100 条视频，还是没有什么播放量。那接下来，你拍着拍着，可能就不拍了。

因为一旦你遭遇连续的失败，就会给你带来不断的打击，然后你就会感到很气馁。接着，你就会否定自己，觉得自己根本不是干这个的料，渐渐地你就失去了信心，最后也就放弃了。这就是失败导致了失败。

但是，如果你做第一条视频就收获了百万播放量，那你就会觉得自己简直是个天才，然后，你就会有强大的自信和动力继续去做，且越做越好。因为你不仅拿到了正向反馈，还学会了复制成功的经验和方法。

所以，很多时候，失败真的不是成功之母，成功才是再次成功之母。

但不管怎么样，还是那句话，普通人很难掌握流量密码，一下子把流量做起来。相反，绝大多数人很可能都坚持不到度过流量的黑暗期。

因此，我建议你在开始创业时先做产品。

先做产品，然后根据你的产品，去找你的目标客户。先快速赚到第一笔钱，让自己得到正向反馈，先活下去。活下去的同时，用销售来倒逼自己的输出和成长，用销售来快速跑通自己的商业闭环，然后再去考虑做流量，做复制，做放大。

➤ 除了公域和私域，你更应该经营好他域

讲到流量，就不得不谈流量的分类。

一般来说，我们可以把流量分为公域流量、私域流量和他域流量。

公域流量，理论上是任何人都可以接触到的流量。这些流量属于公共空间，要想让公域流量中的群体关注你，要么花钱，要么用资源来置换，要么做内容。

私域流量是属于企业、门店和个人自己的。它沉淀在一定的密闭空间里，你可以随时随地、自由免费地使用与触达。

公域流量和私域流量，具有某种相对性。

比如，抖音的流量，对于抖音的内容创作者来说，就是公域流量。但是抖音为了获得更大的关注和曝光度，每年在各大电视台春节档做广告，就是为了扩大抖音的私域流量。

换句话说，对于抖音来讲，它自己的私域，就是内容创作者的公域。

同理，对于很多公司来说，短视频平台的流量，就是它们想要获取关注的公域流量。而它们的私域流量，对于很多分店或者加盟商来说，就是公域流量。

这就是公域流量和私域流量的相对性。

拥有公域流量的平台有很多，仅短视频平台就有抖音、小红书、视频号、快手等。这些平台也是商家的必争之地。毕竟人在哪里，消费就在哪里，钱也就在哪里。

但是，如果你只做公域，不做私域，随着流量进入存量时代，市场就会变得越来越"卷"，流量就会变成价高者得，而你在公域里获取流量的成本也会水涨船高。因此，最终在公域里，你可能最多只能实现投入产出比的持平，很难产生真正的利润。

怎样才能产生真正的利润呢？唯一的路径就是通过公域获客，然后引导其进入私域进行更高客单价的产品变现，打造客户的终身价值。只有这样，你才有可能创造出真正的利润。

另外，公域流量也存在很大的不确定性，只要你有任何的违规行为，你的账号很可能就会被限流和封号。而你只有把流量导入私域，流量才会变成你真正的资产，才有可能帮你真正地跨越周期。不管外在的环境如何变化，只要你有私域，你就能够实现持续地变现。

而且很多时候，对于一个个体来说，你不做公域，而只要做好私域，也一样可以"小而美"地创业，活得很滋润。到底要怎么做私域，在本书的后面我们还会继续探讨。

流量除了公域和私域，还有一个，就是他域。

他域，顾名思义，就是指别人的私域。但请注意，这个他域不是指任何人的私域，而仅指和你相关的人的私域。什么叫作和你相关的？就是，如果他的私域客户，刚好是你想要的客户，而你和他之间又并非竞争关系，那么他的私域对于你来说，才是他域。

他域流量，某种程度上你也可以理解为是相对的公域。但在这里，我们主要探讨的是"经营"和"联盟"的概念。"经营"和"联盟"就是我们最大化地获取他域流量最核心的心法。具体要怎么做呢？

第一，想要经营好他域，就要利他，而且一定要坚持做时间的朋友。

2016年，我加入了著名培训师李海峰老师的DISC+社群。

进入DISC+社群后，我发现了一个很神奇的现象：李海峰老师的社群中没有员工，而且也不给任何人分润和发工资，但是所有的学员却都愿意推荐亲朋好友来加入DISC+社群，并且还带着礼物、带着资源来义务给社群工作。

比如，很多学员即使这次没办法来到开课现场，也会从全国各地给现场参与者"投喂",多的时候,开一期班,光是蛋糕就送来二十几个。还有更惊人的,就是现场真的有学员送黄金。

有的时候,礼物多到学员想要带走,都得叫快递。几乎每个人都把这个社群当成自己的在经营。

于是我很好奇李海峰老师是怎么做到的。所以从那个时候开始,我就深度地参与DISC+社群的大小事务,希望从蛛丝马迹中找到答案。

在DISC+社群里有一个学委的角色设定。当有学员在DISC+社群里进行分享的时候,会有一个人负责把他分享的语音转化成文字,然后同步把语音导成MP3格式的音频发布到群里,方便没有时间实时收听的同学回听,这个人就是学委。

当然,除了把学员的分享内容转化成文字和导出语音外,在学员分享之前,学委还要在群里"炒群",尽自己所能地"吆喝",以吸引更多人来收听和学习。简而言之,学委就是要把分享的宣传工作做好。

我当时就是从这个最简单的角色开始做起。无论学员要做分享的群内是否有学委,我都会尽我所能地帮分享嘉宾宣传,实时同步他分享的内容。结束后,我还会把他一条一条的语音导成MP3格式的音频,第一时间发到群里。

一开始,我很"克制",只是在自己所在的班级群里这样做,但是做着做着,我就做成了学委专业户,而且还小有名气。

以致后来，全国各地分享的人，都想要邀请我给他们当学委。

因为他们发现，我跟别的学委不大一样——我不仅帮他们同步分享内容，而且还极尽所能地帮他们扩大他们的影响力。

比如，一旦他们要分享，我就会提前给他们做非常漂亮的宣传海报，写极具吸引力的推广文案，发到所有我在的 DISC+ 社群的微信群及我的朋友圈里，不遗余力地帮他把他的影响力推广到我所能触及的每个角落。

就是这么一直做，一直做。突然有一天，2017 年的 3 月份，也就是我加入 DISC+ 社群 5 个月左右的时间，李海峰老师跟我说："家进，我们广州群缺一个群主，要不你来当吧。"

我被李海峰老师看见了！我的无心插柳，居然有回报了。

广州群主这个位置，相当于 DISC+ 社群的"中高管"。虽然是不发薪资的，但我只用了不到半年的时间就做到了，相当于我从此之后就成了 DISC+ 社群官方认证的人，DISC+ 社群所有的学员，我都可以名正言顺地添加他们为好友了。

这对我来说，真的是"泼天的富贵"，简直是跟做梦一样。后来甚至还有更梦幻的——李海峰老师还投资了我们的事业，而且但凡是李海峰老师所到之处，他都会不遗余力地为我们"打 call"，给我们引流。所以，李海峰老师的流量，从此以后，也就真的成了我们的"他域"。

现在回想，我是怎么做到的呢？

核心秘诀就是利他，并且不是做一时，而是持续地做。我从 2016 年加入 DISC+ 社群到现在，就一直在做。

我们经常说要做时间的朋友，时间什么时候才会成为我们的朋友呢？就是当我们坚持的时候，时间才会成为我们的朋友。

加入社群，经营他域也是一样的道理。当我们在一个社群里待得足够久，用心地经营，用心地付出，这个社群才会真正地成为我们的他域。

第二，想要经营好他域，最高效的方式是付费，而且尽可能地持续付费。

李海峰老师其实很少给别人的私董会付费，但是只要是他付费过的、他认可的，他就会持续付费，甚至一次性支付 10 年的费用，而不是像其他人那样，在这里付一年，在那里付一年。

在这里付一年，在那里付一年，也就是广撒网式地付费，看似是很聪明的选择和策略。但是至少存在以下两个问题：

（1）你很难获得主理人的资源偏爱。

当你和所有人一样，都是支付同样金额的时候，主理人就很难对你有特别的记忆和偏爱。或者说，你在他那里，跟其他人没什么不一样。

但是，如果你一次性付给他 10 年的费用，代表的就是你对他的深度认可，而你自然而然就会成为他到处宣传的案例。那他给你更多的流量偏爱和更多的展示自我的机会，也就水到渠成了。

所以，在这里，我要强烈建议你，与其浅尝辄止，不如深耕一个他域社群。把时间拉长，在同一个社群里发力，只要这个社群是持续向上增长的，你总能遇到更优秀的人、更好的合作伙伴和更大的机会。而他的私域，也就会全部成为你的他域。

（2）你的时间和精力是有限的，如果你在这里付费一年，在那里付费一年，那你最多也就是把这些地方当成你的一个流量池，很难做到跟每个圈子里的人经营好关系。

当你把别人只当作流量来源，而不是持久的关系来经营的时候，别人也只会把你当作一个流量来源，而不是一段可经营的关系。你跟其他人之间也就很难达成更有深度、更有价值的商业合作。

所以，在他域的联盟和合作上，与其经营流量，不如经营关系。怎样才能经营好关系？说到底，就是要沉下心来，做时间的朋友。即使是付费，也最好是持续地付费，竭尽所能地拿到一个圈子里的所有红利。

第三，想要经营好他域，就全力以赴地成为他人的成功案例，而且最好是第一名的案例。

李海峰老师做出版项目的发售时，即便他是委托他人做发售操盘，他也不是只做一个甩手掌柜，任凭对方能卖多少就是多少。相反，他会全力以赴地调动自己的资源，帮助对方突破他的发售成绩。

虽然这样看似是李海峰老师在帮助发售操盘方打造超级案例，成就对方。但实则也是李海峰老师竭尽所能地要成为对方发售成绩榜上的第一名。

因为只有这样，无论对方在哪里，他只要讲到自己的成功案例，就不得不提到李海峰老师。这就等同于，只要对方宣传自己，也就是在宣传李海峰老师。到最后，对方的私域就成了李海峰老师的他域。

同理，李海峰老师的一个学员——戴戴老师也是这样做的。

她跟李海峰老师合作出书，不出则已，一出就以相当高的效率连出了2本。从此，戴戴老师就成了李海峰老师在出版方面的成功案例。

所以但凡李海峰老师讲到出书，无论是在线下课的课堂上，还是在线上社群里，就必然会提到戴戴老师，就必然会向其他人推送戴戴老师的微信。

这也就等同于戴戴老师把李海峰老师的私域变成了她的他域。她通过成为李海峰老师成功案例中的第一名，彻底地打开了李海峰老师的私域，拿到了她想要的流量红利。

这其实也是一种冠军思维。只有成为冠军，别人才会记住你，资源才会向你倾斜。在本书后文讲到个人品牌定位的时候，我们还会进一步探讨。

不过在此，我们还是回归他域，再次给你画出重点，经营他域的 3 个核心秘诀，总结如下：

第一，利他，而且一定要坚持做时间的朋友。

第二，付费，而且尽可能地持续付费。

第三，全力以赴成为他人的成功案例，而且最好是第一名。

➤ 做好私域的必备条件：流量的成本意识

在前文我们已经讲到，个体创业创富不做公域，但只要经营好私域，也能"小而美"地创业。但具体要怎么做好私域呢？

你首先要具备的就是流量的成本意识。

什么叫流量的成本意识？

比如，你是开实体店铺的，你就得明白实体店租金的本质。

实体店租金的本质是什么？是流量费用。也就是说，你每个月付的租金，其实是用来购买每个月经过你的店铺的人流的费用，也就是流量成本。

所以，你要做的，就是竭尽所能地让路过你的店铺的人都能看到你，并且进店消费。相反，如果你都没有被看到，或者说被看到了但客户不知道你是卖什么的，也没有进店，那你的租金就白花了。

另外，你要竭尽所能地把进店的人，无论是否付费购买你的产品,都引导他们添加你的微信、进入你的社群,也就是进入你的私域里。如果你没有这么做,那流失的就不仅仅是客户,还有你的金钱。

举个简单的例子,假设你的租金是每月10000元,每月经过你的店和进店的总人数是1000人,就相当于你的获客成本是每个客户10元钱。

但是如果你没有把他们留下来,留到你的私域里。那他们走掉的时候,就相当于你的10元钱没了。走掉1个,就是10元钱,走掉10个就是100元钱,走掉100个就是1000元钱……

但如果你能把客户都留到你的私域里,有什么好处呢?

(1)对于首次未购买的客户,如果你把他放到了你的私域里,你好好运营,他是不是未来有可能会购买?当然会。这相当于提升了你的初购率。但他们如果直接走掉了,未来可能就再也没有机会购买你的产品了。

(2)对于已经购买了的客户,如果你把他放到你的私域里,未来你推出新的产品时,你是不是就不需要到处投放广告来告诉他们说你出新品了?相反,你只需要在你的私域里广而告之,甚至一对一私信通知他们就可以了。

这是不是就等于,你不仅节约了营销成本,同时又提高了客户的终身价值?所谓客户的终身价值,是指客户从他在你这里第一次购买产品,到最后一次,他一辈子总共在你这里花费的金钱。

当然，我们每个人其实都希望客户的终身价值越大越好。那怎样才能将其最大化呢？就是把客户放在你的私域里，构建终身长久的关系。

（3）把客户放到你的私域里，是不是会提升客户的黏度和忠诚度，而不至于动不动就被竞争对手撬走？当然是的。

（4）除此之外，把客户放在你的私域里，你才可能通过私域的运营，提升客户的转介绍率。

比如设置一个小活动，转介绍一个客户，就给予其相对应的奖励和分润。甚至很多时候，只要你的服务到位，客户认可你，他就会自发地给你转介绍。

所以，想要做好实体店的流量变现，就一定要有最基本的流量意识，或者说私域流量意识。

付费学习也是一样的道理。如果你付费学习了一个课程，你就得明白，学费等于什么？

学费不仅仅是你的课程学习的内容费用。内容的费用只占了学费的一部分。还有一大部分，其实应该是你的获客成本。

也就是说，学费至少包括你的课程费用和你获取同学资源（流量）的费用。很多人，在参加课程学习的时候，往往忽略了这一点。来学习，就只是埋头苦学，跟同学完全没有互动，或者是没有意识去互动。

但是，如果你希望通过打造个人品牌实现变现，那你就一定要有这样的流量意识：你的客户，很可能就在别人的付费社群里。因此，当你参加一个课程学习，你更要做的是连接你的潜在客户。

但是，我并不是说，你进入一个社群里，就要疯狂地加人。而是你首先得有这个意识，接下来才是用比较合情合理，甚至是受欢迎的方式来添加社群中的他人为好友。

比如，在学习的时候，你可以主动在群里分享你的学习笔记，赢得别人的欣赏，吸引别人主动添加你为好友；你可以跟群主搞好关系，争取获得在社群内做分享的机会；给大家赠送高价值的福利，这样别人也会更愿意跟你交朋友，因为没有人会不喜欢慷慨大方的人……

总而言之，就是你要先利他，做一个利他的人，你就会成为一个受欢迎的人。这就是流量意识。

当然，私域引流，尤其是高客单价 IP 的私域引流，至少有 5 种引流方式，分别是高客单价社群引流、朋友圈互推引流、视频号私信引流、实体书引流、交付引流。每种引流方式到底怎么做，我们在本书后面的章节中还会继续探讨。

但在此先强调一点，那就是交付场，即成交场，也是流量场。这句话非常重要。你不仅要记住，还要将其变成流量变现的行动指南。

销售变现：
1个公式实现客户终身价值的打造

探讨完创业创富的两大要素：产品和流量。接下来，就是创业创富的第三个核心要素：销售。

有了产品，有了流量，也就是连要买产品的人都有了，但你有没有发现，有的时候产品就是卖不出去。问题出在哪里？往往就出在销售的环节上。

那怎样才能做好销售呢？

我直接给你一个销售变现的公式，尤其是在自媒体时代，如果你想要拿到结果，这个公式里的每个要素，你都要做到。

销售变现＝产品＋"摆摊"＋"吆喝"＋交付。

➤ 产品的展示：FABE 销售法

产品是"1"，是销售变现的基础；没有产品，一切就都是"0"。而且，好的产品还自带销售力。但即使是好产品，如果你一直只是自说自话，客户很可能最后也会被你聊跑了。

在销售里，有两套语言，一套叫"自嗨"语言，一套叫客户语言。

"自嗨"语言就是，你在跟客户沟通的时候，你只讲你想讲的、你感兴趣的，而不是客户想听的。客户语言，就是你在跟客户沟通的时候，只讲客户想听的、跟客户相关的、对客户有用的。

那我们到底应该怎样才能做到只讲客户语言，而不是"自嗨"语言呢？

在销售领域里有一个工具，叫作 FABE 销售法。FABE 销售法是一套可以确保我们只讲客户语言的工具。

FABE 销售法是由美国奥克拉荷大学企业管理博士、中国台湾中兴大学商学院院长郭昆漠总结出来的。FABE 销售法是非常典型的利益推销法，而且是非常具体、可操作性很强的利益推销法。它通过 4 个关键环节，极为巧妙地处理好顾客关心的问题，从而顺利地实现产品的销售。

F 指 Features，就是产品的特点。A 指 Advantages，就

是这个特点所带来的优点。B 指 Benefits，就是这个产品对客户的价值。E 指 Evidence，就是证据，即何以见得。

比如说，这双鞋子是用牛皮做的，由牛皮制成就是这双鞋子的特点（Features），这个特点所带来的优点（Advantages）是透气性很好、很柔软，不容易变形。

接着这个产品给客户带来的价值（Benefits）是什么呢？就是穿在脚上，不磨脚后跟，很舒服。证据（Evidence）是什么呢？也就是说谁能证明，何以见得呢？是某某明星为它做了代言，或者它有一个国家认可的质检报告。

任何产品，至少有一个 FABE。或者一个 F 下面有好几个 ABE。

但是客户往往并不会特别关注产品的 FA，而是相对更关注产品的 BE。因为人更偏向于关心的是，这个产品和我有什么关系？对我有什么用？你怎么证明你说的是真的？

也就是说，如果你想要抓住客户的注意力，就要说客户语言，那你在介绍产品的时候，就千万不要只是停留在介绍产品有什么特点和优点上，你更应该给客户传递的是产品可以给他带来什么价值，帮他解决什么问题。

比如说，当你在给客户介绍一个课程的时候，就不要仅仅介绍这个课程的主讲老师是谁，有多少课时，从什么时候开始上课，在哪里上课，上课的形式是什么……

这些问题，客户关心吗？也许会，但这并不是客户最关心的问题。如果你一直在这上面纠缠，聊着聊着，客户可能就会对你不耐烦了。

客户更关心的是，这个课程学完后，可以帮他解决什么问题，可以给他带来什么改变和利益点。这些，才是你应该重点向客户介绍的。

比如，你可以跟客户说，你只要听了这个课程并跟着做，就可以在42天内减重8斤，并且不反弹。这才是客户真正关心的。何以见得能减重并且不反弹呢？你可以向他介绍大量的学员反馈。这就是FABE中的BE。

再比如，你可以跟客户说，你只要参加了这个出版项目，就有可能成为畅销书作者。何以见得呢？我们目前已经出版了40多本书，而且收获了大量的学员好评，有图文、有视频，这些你都可以看到。这就是FABE中的BE。

任何产品，你都可以写出来至少一个FABE的结构。而且，如果你要做产品的销售手册，我建议你可以把产品的FABE全都列出来。但是，当一个产品有很多个FABE的时候，你应该怎么向客户展示和介绍呢？

这里有一个非常重要的技巧，就是一定不要先把最重要的那个FABE说出来。产品最大的卖点，一定要留到最后介绍。

也许你会说，应该把最重要的先展示出来，这样可以一下子吸引住客户。不是这样的，因为最重要的要在最关键的时候使用，好钢要用在刀刃上。

什么时候是最关键的时候？就是当你发现客户可能不想买，想要跟你结束沟通并转身离开的时候。这时候，你可以说，"稍等，我还有一个很重要的点没来得及跟你介绍"。接着，你就把最重要的那个FABE展示出来，当作你的撒手锏，力挽狂澜。

但如果说，客户还没等到你介绍最重要的FABE，就购买了，怎么办？

那太好了，这个时候，你再把最重要的那个FABE讲出来，就等于是锦上添花，这对于客户来说就成了一个惊喜。而客户也会觉得自己很有眼光，捡到宝了。

所以，你一定要记住，把那个最重要的FABE，放在最后来展示。

以上就是关于销售变现公式中的第一部分——产品，或者叫产品展示。你要站在客户的角度，给客户展示他最关心的利益点和证据。

➤ "摆摊"：从客户的认知到认购

接下来，我们进入销售变现公式中"摆摊"的内容。

销售变现＝产品＋"摆摊"＋"吆喝"＋交付。

想要实现销售变现，就要"摆摊"。"摆摊"到底是什么？又应该怎么"摆摊"呢？

所谓"摆摊"，就是你得让客户看到你。在自媒体时代，直播是"摆摊"，发朋友圈是"摆摊"，运营社群是"摆摊"，开展线上公开课、线下课程等都是"摆摊"。

"摆摊"有3大目的：让客户对你有认知，然后对你有认可，最后对你有认购。接下来，我们就对如何达成这3大目的进行逐一拆解。

一句话介绍自己：引发客户好奇心的秘诀

"摆摊"的首要目的，就是要解决客户的认知问题，让客户知道你是谁，你可以帮他解决什么问题，你可以给他提供什么产品。这其实也是打造个人品牌的关键。

在这个环节中，非常关键的一点是你能不能用一句话把你的产品介绍清楚，把你可以帮别人解决的问题、给别人提供的价值讲清楚。而且，讲完后还要引发他的好奇心。因为只有引发好奇心，客户才会停留和咨询，才会有成交。

到底要怎么做才能用一句话介绍清楚你的产品呢？先给你举 3 个例子：

第一个，李海峰老师的出版合伙人项目，用一句话介绍就是：出版合伙人项目不用你花钱，我们帮你打磨一个高客单价的产品，帮你卖，而且还帮你出一本畅销书，搭建你的 IP 联盟，提升你的 IP 势能，让你名利双收。

看完这个介绍，你是不是开始思考，这到底是一个什么项目，不用我花钱，还帮我做这么多事，最后还让我名利双收？是真的吗？

这就是引发了你的好奇心。有好奇心，你是不是就可能会去咨询，有咨询，你是不是就有可能买单？

第二个，我有一个学姐，学员都叫她徐珂老师。她的减肥项目用一句话介绍就是：轻松减肥训练营，不用吃药，不用运动，不用节食，42 天轻松帮你减重 8 斤，还不反弹。

看到这儿，如果你是一个想要减肥的客户，你是不是可能会忍不住问一句："是真的吗？"即使你不需要减肥，你是不是也会想："我要不要把它介绍给我有减肥需要的朋友？"

第三个，我的爱人聪聪所做的短视频带货副业用一句话介绍就是：短视频带货，不用出镜、不用拍摄、不用直播、不用囤货，也不用管售后，是一个在家里就可以做，而且可能一条视频就赚别人一个月，甚至一年工资的副业。

听完后，你是不是会有种心动的感觉？

这就是一句话介绍产品。这里非常重要的一点，就是采用了"不用……不用……"的范式。需要特别注意的是：

（1）"不用……不用……"中的"……"是给客户带来长期困扰和麻烦的点。要让客户在听完后，产生一种"啊，是真的吗？这些都不用了吗？"的不可思议之感。

（2）这一句话介绍里，一定要强调给客户带来的利益点，因为人只会对于自己有利的事情感兴趣。这其实就是人性。做事情，必须迎合人性。

（3）在强调利益点的时候，能数据化就一定要数据化，因为数据会更吸引人。

如果是你，你会怎么介绍自己的产品呢？看到这儿，请你务必停下来，想一想。你可以在下面的横线上把它写下来。

一句话介绍自己的产品：

_____

_____

_____

_____

_____

_____

让客户认可你的三个技巧

上文讲到，"摆摊"的首要目的是解决客户对你的认知问题。

但是只有认知，客户还不会有认购。认知和认购之间，还存在一个认可的问题。所以，想要客户为你付费，你除了要解决客户对你的认知问题，还要解决客户对你的认可问题。

怎样才能让客户认可你呢？

第一，你要有能力、有实力。

人一向都是慕强的，只要你向客户证明了你有能力、有实力，客户往往就会认可你，愿意靠近你，愿意为你付费，愿意跟你同行。毕竟，结果不会骗人。

怎样算是有能力、有实力？是指你拿到了别人想要的或者说令人羡慕的结果，活出了别人想要成为的样子。

比如，你通过做短视频，获得了百万粉丝，实现了年入百万元甚至是年入千万元；你通过自己的努力，出版了自己的著作，拿到了当当网畅销书榜单第一名，并且成功当选了当当网年度影响力作家；你的客户都是行业头部企业、机构和个人，而且他们都给了你很有分量的感谢函。

这些都可以证明你有能力、有实力。

但是，有能力还不够。有一句老话叫，酒香也怕巷子深。所以你还得传播，你得"显摆"出来，你得主动告诉别人，让足够多的人或者是你的潜在客户看到你，看到你的能力，这样他们才会认可你，最终才会给你带来新的业务增长。

因此，照片还是要拍，朋友圈还是要发，直播和短视频最好也不要停，要保持时不时"秀肌肉"的状态。

第二，有人给你"背书"。

所谓"背书"，就是有人说你厉害，甚至是有厉害的人说你厉害。

什么人会说你厉害？你服务过的客户，你帮他们拿到了他们想要的结果，他们大概率就会说你厉害，就会给你正向的反馈和评价。

所以，如果你想要让你的客户认可你、靠近你，你就一定要在你的朋友圈、直播间、公众号，以及你的社群里，多角度、高频率地去对外展示你的成功案例，展示客户对你的正向反馈和评价。

当然，如果你的成功案例里有超级案例，也就是说，你不仅可以帮普通人拿到结果，还可以帮行业头部拿到更大的结果，那你就会更容易获得客户的认可。

因为行业头部都能给你付费，说明你也是头部。

就像如果华为、腾讯、阿里巴巴、美团、京东，这些头部企业都是你的客户，那说明你绝对也是行业的头部人物。接下来就不是客户挑你，而是你挑客户了。

第三，多维度地展示你自己。

"摆摊"的时候，除了展示你的成功案例之外，你也可以多维度地展示你自己，比如你的认知、你的专业性、你的价值观、你的生活等。展示这些，不仅可以让客户对你有更立体的认知，也可以让客户加快对你的认可。

比如，我就经常在朋友圈里写一些我对于个体创业创富、打造个人品牌、社群运营等相关专业的内容。当然，我也会毫不避讳地去展现我的个人生活，包括我的家人等。

这样不仅可以向客户展示我们是有血有肉的人，也可以让客户更深入地了解到我们的优势，这样客户把业务交给我们，把钱交给我们，也会更放心。

事实上，很多人给我们付费，看中的并不只是我们的专业性如何，更重要的是，他会因为我们是什么样的人，有什么样的家庭，而跟我们买单。

当然，这里可能会涉及我们具体要怎么展示自己，甚至细致到怎么写朋友圈文案。我给你几个我写朋友圈文案的模板，都是我日常使用最多、效果最好的。

▶ 跟专业相关的朋友圈

1. "问题+原因+呼吁行动"范式。当然，你也可以不用呼吁行动。

比如，我这条朋友圈：

> **劳家进**
>
> 做高客单价，为什么你一定要有筛选制？
>
> 因为但凡你收高客单价，客户都会来问你：你能否保证我一定能赚到钱？
>
> 但是问题是，是否能赚到钱是双方共同努力的结果，你唯一能承诺的是你全力以赴地交付，你知无不言地全部给予。
>
> 而对方呢？你无法控制，所以你得筛选。筛选他是否有一个好产品或者他是否具备做一个好产品的实力，筛选他是否有很好的积累，筛选他的行动力。
>
> 只有这样，你才能拿到成功案例，口碑也才能得到保证，否则，明明不是你的产品问题，到最后，你也会否定自己。#新个体创业创富 #个人品牌 #高客单价 #个人品牌

01 底层逻辑
创业创富不可或缺的 3 大秘籍

做高客单价，为什么你一定要有筛选制？

因为但凡你收高客单价，客户都会来问你：你能否保证我一定能赚到钱？

但是问题是，是否能赚到钱是双方共同努力的结果，你唯一能承诺的是你全力以赴地交付，你知无不言地全部给予。

而对方呢？你无法控制，所以你得筛选。筛选他是否有一个好产品或者他是否具备做一个好产品的实力，筛选他是否有很好的积累，筛选他的行动力。

只有这样，你才能拿到成功案例，口碑也才能得到保证，否则，明明不是你的产品问题，到最后，你也会否定自己。#新个体创业创富 #个人品牌 #高客单价 #个人品牌

前面就是问题，后面就是原因分析。最后，你也可以加上呼吁行动，比如"同意的朋友，点赞"，或者说"想要了解怎么对高客单价进行筛选的朋友可以直接私信我，给你一个通用的问卷模板"。

2."标题+观点陈述+呼吁行动"范式。同理,呼吁行动也是可有可无,主要是看你是否要卖货或者是否引导互动。

比如,我的这条朋友圈:

> **劳家进**
>
> **打造个人品牌**
>
> 其实就是一个#画等号的过程。
>
> 就是你得让客户知道#你等于什么,想到你就能想到你的核心价值,或者让客户想到他要什么时,就能想起你。
>
> 因为只有这样,他想要为此付费的时候,才会想起你。
>
> 也就是说,如果你把等号画上了,那个人品牌打造就成功了。#新个体创业创富 #个人品牌 #个人IP

打造个人品牌

其实就是一个画等号的过程。

就是你得让客户知道你等于什么，想到你就能想到你的核心价值，或者让客户想到他要什么时，就能想起你。

因为只有这样，他想要为此付费的时候，才会想起你。

也就是说，如果你把等号画上了，那个人品牌打造就成功了。#新个体创业创富 #个人品牌 #个人IP

"打造个人品牌"就是标题，后面的内容，就是观点陈述。我这条朋友圈里没有呼吁行动，不过，你想要的话，也可以加上。

比如，"认同点赞"，或者是"想知道怎么打造个人品牌，怎么把等号画上的，可以私信我"。

当然，如果这条内容下面附带的是有二维码的课程宣传海报，就可以把呼吁行动的内容写成"想知道怎么把等号画上的，直接扫码报名我们的创业创富3天训练营，原价999元，限时优惠99元……"

这就是给客户下指令，呼吁客户行动。

3. 标题＋观点＋原因＋解决方案＋呼吁行动"的范式，呼吁行动也是可有可无。

比如我的这条关于社群运营的朋友圈：

劳家进
社群的运营

绝不仅仅是活跃度，还是社群文化的打造。因为只有这样，你的社群才会有温度，才会让人有归属感！

而金句，尤其是能传递你的价值观的金句，就是打造社群文化的最好的方式。

社群的运营

绝不仅仅是活跃度，还是社群文化的打造。因为只有这样，你的社群才会有温度，才会让人有归属感！

而金句，尤其是能传递你的价值观的金句，就是打造社群文化的最好的方式。

01 底层逻辑
创业创富不可或缺的 3 大秘籍

开始是标题，后面是观点，这个观点最好是能给客户打破认知的，就是客户平时认为是对的，但我们说他所认为的是错的，帮他把错误认知纠正过来，这样他就更容易有一种醍醐灌顶的感觉。

接下来就是原因解释，你要跟客户说明，为什么他是错的你是对的。再接下来，就是给出解决方案，也就是具体要怎么做。

最后，如果你要引导客户互动或者是报名你的课程，你就可以呼吁客户行动。比如"扫码私信我，赠你 100 条打造社群文化的金句""扫码报名我的营销型社群运营课程，送你 100 条打造社群文化的金句"等。

以上就是与专业内容相关的朋友圈信息，当然，还有很多种写朋友圈专业内容的范式，出于篇幅的原因，在此我就不一一举例了。以上 3 种，你用好了，其实也足够了。

▶ **跟生活相关的朋友圈**

1."情绪+故事+"凡尔赛"+思考"范式。

比如，我这条参加课程学习的朋友圈：

> **劳家进**
> #这个日子真的没法过了
>
> 真的是到哪里都一直跟着，完全没有人身自由啊……
>
> 比如这次学习，也是形影不离，婚后生活真惨呀，估计全场也就#我们这对夫妻档了。
>
> 不过好处是，一起学习真的可以让我们更同频，方向上也更清晰和明确。
>
> 这次跟×××的学习，让我们更加坚定了我们过去所用的个人品牌打造方法的无比正确性。
>
> 无论是内容的"一鱼多吃"、内容就是最大的杠杆，或者是内容就是流量和变现的载体，又或者是#友者生存，提高ROI（投资回报率）可接受度，实现放量增长……
>
> 接下来就是，干才是王道，出来混，关键是要出来，#结果=行动×概率。出来，就是行动。
>
> 2024年，做一个内容创作者，#一起联盟，一起向上增长！

01 底层逻辑
创业创富不可或缺的 3 大秘籍

这个日子真的没法过了

真的是到哪里都一直跟着,完全没有人身自由啊……

比如这次学习,也是形影不离,婚后生活真惨呀,估计全场也就我们这对夫妻档了。

不过好处是,一起学习真的可以让我们更同频,方向上也更清晰和明确。

这次跟×××的学习,让我们更加坚定了我们过去所用的个人品牌打造方法的无比正确性。

无论是内容的"一鱼多吃"、内容就是最大的杠杆,或者是内容就是流量和变现的载体,又或者是友者生存,提高 ROI(投资回报率)可接受度,实现放量增长……

接下来就是,干才是王道,出来混,关键是要出来,结果=行动 × 概率。出来,就是行动。

2024 年,做一个内容创作者,一起联盟,一起向上增长!

"这个日子真的没法过了",文案的开始就是情绪的表达,好处是可以把悬念一下子拉满,也可以快速抓住客户的注意力,吸引客户一探究竟。

然后是讲故事,解释说明为什么"这个日子真的没法过了",即"真的是到哪里都一直跟着……"。

最后就是"凡尔赛"加个人思考,即"不过好处是……一起联盟,一起向上增长!"

2. "标题＋破认知＋内容嫁接＋呼吁行动"范式。

比如我的这条写打篮球的朋友圈：

> 劳家进
> 我是一个球技极差的人
>
> 但是，不管怎么样，这个世界就是个概率的世界，只要我投的球足够多，就总会有进球的时候。
>
> 就像今天，哈哈……我进3分球了，就是这么骄傲！
>
> 结果＝行动 × 概率，跟新个体创业创富是一样的，给产品定价，然后跟足够多的客户沟通，总有人会购买。
>
> 而且你一定要做一个不情愿的卖家、傲娇的卖家。若对你有启发，请点赞。#新个体创业创富 #个人品牌 #高客单价 #IP变现

我是一个球技极差的人

　　但是，不管怎么样，这个世界就是个概率的世界，只要我投的球足够多，就总会有进球的时候。

01 底层逻辑
创业创富不可或缺的 3 大秘籍

就像今天,哈哈……我进 3 分球了,就是这么骄傲!

结果＝行动 × 概率,跟新个体创业创富是一样的,给产品定价,然后跟足够多的客户沟通,总有人会购买。

而且你一定要做一个不情愿的卖家、傲娇的卖家。若对你有启发,请点赞。#新个体创业创富 #个人品牌 #高客单价 #IP 变现

"我是一个球技极差的人"就是标题。然后转折——破认知,即"这个世界是个概率的世界,只要我投的球足够多,就总会有进球的时候"。

再接下来,就是嫁接到你真正想要表达的内容上,即"结果＝行动 × 概率……总有人会购买"。

最后就是呼吁行动,即"而且你一定要做一个不情愿的卖家"。

写朋友圈,其实主打的就是一个真性情,只要你写得有情感,有血有肉,有故事,有思考,有干货,客户就会喜欢看。

而且,请相信我,只要你坚持写一年,你的朋友圈就会变得非常有销售力,写着写着,就会有人主动给你付费。

当然,除了上面跟专业和生活内容相关的朋友圈,还有与你的价值观相关的,以及与卖货内容相关的朋友圈。在此,我就不一一列举了。

但是，想跟客户建立良好的信任关系，得到客户的认可，背后的底层逻辑就是要扩大你和客户之间的公开象限。你们之间的公开象限越大，你们彼此之间的信任也就会越多。

公开象限是乔哈里视窗理论中的一个概念。

乔哈里视窗理论最初是由美国心理学家乔瑟夫和哈里在20世纪50年代提出的。他们将人际沟通的信息比作一扇窗子，并将其分为4个区域：开放区、隐秘区、盲目区、未知区，人的有效沟通就是这4个区域的有机融合。

所谓公开象限，是指自己知道、别人也知道的信息。例如你的姓名、家庭情况、经历和爱好等。

公开象限具有相对性，有些事情对于某人来说是公开的信息，而对于另一些人则可能是隐秘的事情。在人际交往中，彼此的公开象限越多，沟通起来也就越便利，越不易产生误会，当然，也更容易赢得对方的信任。

怎么放大公开象限呢？对于想要打造个人品牌的我们来说，最有效的方式就是主动曝光。发朋友圈"摆摊"，就是最好的方式。

最后，关于发朋友圈"摆摊"，给大家总结4个小技巧：

（1）尽量不要用表情包。因为表情包会让你的内容显得很杂乱，不高级，尤其是宣传高客单价产品的朋友圈，更不要使用表情包。

（2）每一段文字最好不要超过三行。这样排版上不仅更美观，客户的阅读体验也会更好。

（3）可以用"#"来对重点内容进行标识。当你将其标识出来后，被标识的部分就会显示为蓝色，客户一眼就能看到重点。而且在某种程度上，黑蓝结合的字体也会让人看起来更舒服。

（4）可以用"#"来打标签。对你的每条朋友圈内容进行分类，标识出每条朋友圈内容的关键词，跟你发布短视频时打标签是一样的道理。

比如，你的这条朋友圈写的是与个人品牌相关的内容，那你在文案的最后就可以打上"# 个人品牌"的标签；如果写的是与成交相关的内容，那你就可以打上"# 成交"的标签。

"#"也可以只用来强化你的个人标签。比如，你是做高客单价产品发售的，就标识为"# 高客单价发售"；你是做个人品牌顾问的，就标识为"# 个人品牌顾问"；你是做图书出版策划的，就标识为"# 打造爆款畅销书"……目的就是做广告，强化客户对你的认知。

以上就是关于"摆摊"的第二个目的——赢得客户的认可。

"摆摊"的终极目标：客户的认购

解决了客户的认知和认可问题，接下来，就是要让客户认购。怎么才能让客户认购呢？

首先，你得识别出客户的需求，放大客户的痛点。

什么是客户的痛点？痛点，就是长期反复困扰客户的问题。而且这个问题给他带来了害怕、焦虑、压抑的负面情绪。

前文中，我们已经讲到，客户想要，但并不一定会付费的情形。

比如，客户想减肥，但是这个需求不够痛，所以他并不会想要为此付费。什么情况下客户才会想要付费减肥呢？就是客户因不减肥感到恐惧和害怕的时候。那他什么时候会恐惧和害怕？就是如果客户再不减肥，客户的爱人可能就会嫌弃他，朋友、同事，甚至是路人也会议论他的时候。

再比如，客户想要做副业赚钱，也不一定会为此付费。什么情况下客户会想要付费学习如何做副业赚钱呢？就是客户怕她的孩子说她是一个没有价值的人的时候，尤其是当她的孩子问她"妈妈，小李同学的妈妈是职场精英，管着好几千人，为什么你在家里不上班？"的时候。

因此想要客户给你付费，你首先要做的，就是识别出客户的需求，并放大他的痛点。

接下来要做的就是临门一脚，再推一把：你现在买，刚好有优惠，而且还有超多福利，并且是限时限量的，错过了这次就没有了，后面还可能会涨价。现在买，不满意还可以全额退款。

到这里，客户可能就会放心大胆地买了。这就是让客户认购。

想要客户认购，还有一个点至关重要，就是销售变现公式里的"吆喝"。要"摆摊"就势必要"吆喝"，不"吆喝"，你的产品再好，客户都有可能不会买，而只要你"吆喝"了，客户很可能就会购买。

到底什么是"吆喝"？为什么要"吆喝"？又要怎么"吆喝"呢？我们在下一小节中细讲。

▶ "吆喝"：客户的行为需要被提醒

"吆喝"就是"走过路过不要错过"，就是"清仓特价最后3天"，就是"赶紧点击下方链接抢起来"，就是"记得领优惠券"……

为什么要"吆喝"？因为客户的行为是需要被提醒的。

比如说，你在看直播的时候，不叫你点赞，你可能就不会点赞；不叫你回复666，你就不会回复666；不叫你扫码进群，你可能就不会扫码进群……

也就是说，你想要客户干什么，你不能等着客户主动去干，而是要给客户下明确的指令。因为只有这样，客户才可能去做。

就像很多时候，客户不购买，不是客户不想买，而是你不提醒客户去购买。同理，客户不跟你互动，不是不想跟你互动，而是你没有给客户跟你互动的机会。

因此，不管你是用什么样的方式进行"摆摊"，直播也好，发朋友圈也好，发布公众号文章也好，通过社群宣传也好，开展线下课也好，开展线上课也好……想要卖得多，就一定要"吆喝"。

现实生活中，"吆喝"也无处不在，比如购物网站的提示按钮，"加入购物车""去结算""提交订单""确认付款"等，都是"吆喝"。

"吆喝"就是给客户的行为下指令，让客户听话照做，引导客户购买。

"吆喝"，看似简单，但一定要注意以下3大要点：

（1）每次"吆喝"只给一个指令，千万不要一次性给好几个指令。说白了，就是不要一次让客户干好几件事。多了，客户记不住，执行起来也会很困难。到最后，客户反而可能因为指令过多，不去执行了。

（2）一定要降低大家参与的难度。比如，你在直播的时候想引导客户的互动和认可，那你千万不要上来就让客户回复你一大段文字，而是可以先让客户回复你一个字、一个词，甚至一串数字都可以。比如，认可的回复"认可"，想要的回复"想要",觉得超值的回复"666"。这就是降低客户参与的难度。

（3）促成客户购买,给客户下指令让其点击付款链接的时候,一定要给客户进行演示。因为即使你觉得很多人可能都会做,但还是会存在不知道怎么操作的客户。所以你一定要耐心再耐心,甚至是用教小朋友的态度来服务客户。只有这样,客户才能感受到你的用心,也才会对你更认可。

发朋友圈的时候同样要注意,不要只是激情澎湃地写了很多内容,最后忘记给客户下指令,也就是上文所提到的呼吁行动,比如给你点赞、跟你互动,还有扫码进群、扫码抢购,这都是给客户下指令。

给不给客户下指令,提不提醒,成交效果往往相差一倍以上。

▶ 交付：做好产品交付必备的运营思维

让客户从认知、认可到认购,不仅要有产品,有"摆摊",有"吆喝",最后不可或缺的,还有交付。尤其是在知识付费领域,做好交付就是客户复购和转介绍的保障。

想要做好交付,你必须要拥有运营思维,什么叫作运营思维?就是你要把你的产品,当成是一种运营式的产品,而不是交付式的产品。

所谓交付式的产品，就是产品卖给客户，你们的关系就结束了。也就是一手交钱，一手交货，产品卖出去了，就如释重负了。比如，我们平时看到的萝卜、白菜、奶茶、咖啡，甚至实体书，就都是被当作交付式产品。

运营式产品，就是产品卖出去，服务才刚刚开始。比如，训练营、私董会、线下课等，都是运营式产品。产品卖出去后，我们要如临大敌。

因此，如果你想要有后端的客户复购和转介绍，就不要把运营式产品当成交付式产品来做交付。也就是说，产品卖出去后，不要觉得钱已经赚到了，呈现出卖前和卖后两种截然不同的态度。

相反，在产品卖出去之后还要比卖出去之前更热情，更用心地服务好客户，而且最好可以做到 10 倍好地进行交付。无论交付的是引流品还是利润品。

通过交付，来满足客户的需求，帮助客户拿到他想要的结果，让他发自内心地认可你，觉得跟着你学习就是对的，觉得买你的产品就是对的，强化你在他内心的可靠性和可信度。接下来，你再卖给他后端的产品，也就是引导他复购时，他才会毫不犹豫地下单。

总而言之，交付场，即成交场。这就是从产品到流量，再到销售的变现过程，也是普通人创业创富必备的 3 大法宝。

▶ 销售：结果 = 行动 × 概率

销售过程中，我们都追求能成交。但是，你一定要明白，销售就是个概率性事件。其实，不只是销售是概率性事件，这个世界本身就是一个概率的世界。

你今天出门遇见谁，是个概率性事件；你打车，打到哪一辆车，是个概率性事件；你坐地铁，碰到谁跟你在同一节车厢也是个概率性事件；你跟谁结婚，也是个概率性事件；生男生女也是个概率性事件；生老病死，也都是概率性事件。

销售当然也是如此。面对客户，你有可能把产品卖出去，也有可能卖不出去。所以在销售的时候，你要放平心态，成与不成，一切皆有可能，也都可以接受，尽人事，听天命。

尽人事，当然不只是说尽力而为，而是要全力以赴地提升成功的概率。怎么才能提升成功的概率呢？

结果 = 行动 × 概率。

想要拿结果，你就得有所行动。如果你一动不动，那想要拿结果就是天方夜谭。换一句话说，你永远也赚不到行动之外的钱。

说到行动，那具体要做什么呢？就是要做正确的事。但是，在做正确的事里，其实知道不要做什么，往往可能比知道要做什么更重要，尤其是在这个信息极其繁杂的自媒体时代。

所以，如果你想要拿结果，就一定要紧紧围绕你的目标出发。但凡跟目标无关的动作，你都可以不做；但凡跟目标无关的人，你也都可以不见。要做就只做跟目标紧密相关的事。

给你举个例子，我的爱人聪聪，她的目标是通过短视频带货做到年入百万元。

围绕着这个目标，她开始进行拆解。短视频带货的变现，有两个途径，一个是剪辑短视频，一个是通过招生培训学员做短视频。也就是，一个要赚的是带货的佣金，一个要赚的是培训的学费。

所以，她每天就围绕怎么做好带货及培训来确定她的核心要事。

关于带货变现，她在我们家的小白板上列出来，每天要剪辑多少条片子，把片子发出去之后，得做多久的互动数据，以及清粉涨粉的动作。她把带货每天要做什么，做到什么程度，都列出来，然后每天雷打不动地照此去做。

关于培训变现，她也是把每天要做的每一件事都列出来。比如，她定了目标，每天至少要招募 4 个学员。她就往回推算，根据她一对一沟通 50% 的转化率，她每天至少得跟 8 个人沟通。接着，为了能有 8 个人来找她沟通，根据过往积累的经验，她每天就得至少发 5 条朋友圈。

一旦她发现，她的私域人数不够了，她就开始计算，每一天她得找多少个人跟她一起做朋友圈互推来获取精准流量（关于朋友圈互推的私域引流具体要怎么做，后面我们还会详细拆解）。

一对一沟通、发朋友圈、朋友圈互推，这些就是她做培训变现的核心要事。

她每天就只干跟核心要事相关的事情，其他的一律不干。跟通过短视频带货变现无关的人，她也一律不见。就是靠着这样严格的执行，2023 年，她在短视频带货上拿到了她想要的结果。

当然，除了要做正确的事情，接下来就是要正确地做事。

正确地做事，其实指的就是做事要有技能和方法。不管是演讲还是销售，都是讲究技能和方法的。而任何技能和方法的掌握，都是重复的结果。直白点来说就是，熟能生巧。怎么才能做到？4 个字：练就对了。

也就是说，概率的提升，做一遍不行，就做两遍，做两遍不行，就做三遍。销售成交，一个不行，就成交下一个，下一个不行，就再成交下一个……就是用数量来"拼"概率。

总而言之，怎么才能拿到你想要的结果？首先是行动，而且是反复行动。最好是做时间的朋友，就像"摆摊"，千万不要三天打鱼两天晒网，而是要坚持去做。

只要坚持去做，你就可以击穿客户的心理阈值。当你每天都去"摆摊"，每天都去"吆喝"的时候，久而久之，客户就能记住你，记住了你，有需求时才会想起你，或者给你转介绍。

这就是重复的力量。客户的特性是遗忘，营销的本质是重复。只有重复得足够多，你才能占领客户的心智。

就像为什么我们能记住一些广告语一样，就是因为它重复出现。

比如"今年过节不收礼，收礼只收×××"。每当逢年过节，它就会重复播放，在电视上重复，在电梯广告里重复，在公交站牌上也重复。

本来你没想要送礼，重复得你都想送礼了。想送礼了，你就会想起这条广告。这就是占领了你的心智。以至于最后，但凡你想送礼，你都会第一时间想起这条广告。

还有"找工作上某某直聘"也是一样的，天天重复播放，在你出现的所有场合里重复，重复着重复着，本来你还没打算跳槽，结果因为它的重复，可能你就开始更新简历了。即使当下不需要换工作，但是只要你未来想要找工作，你可能就会上这个招聘网站。这就是重复的力量。

因此，想要拿结果，就要坚持行动，用数量拼概率，做时间的朋友。

本章总结

以上就是第一章的内容，下面我再简单地帮你做一个总结和复盘。

想要创业创富，就要解决3大问题：产品、流量和销售。

产品的本质，就是客户问题的解决方案。客户关心的是这个产品可以帮他解决什么问题，能拿到什么结果。所以在给客户展示的时候，就要使用客户语言，而不是"自嗨"语言。

有了产品，就要找到你的目标客户，也就是我们经常说的精准流量。流量又有公域流量、私域流量和他域流量之分。不做公域，只要能经营好私域和他域，你也能"小而美"地创业。而且，你的客户，往往就在别人的付费社群里。

与此同时，想要实现变现，就要熟记销售变现公式，产品、"摆摊"、"吆喝"、交付，一个都不能少。

同时，你有没有发现，其实无论是做产品，还是"摆摊"，又或者是"吆喝"和交付，都离不开3个字—内容力。一个人的内容创作能力，决定了他是否能把所有的要素做好，也就决定了他的变现能力。

这就是我所说的内容力，就是"1"，没有它，一切都是空中楼阁。当然，对内容力的讲述也并不会到此戛然而止了，而是会贯穿我们后面所讲的所有内容。

变现框架 02

个体变现
必须要掌握的框架思维

做大事和做小事的难易程度是一样的

你有没有想过,一年下来,你要赚多少钱?

如果你以前从来没有想过,不妨现在停下来想一想,不用太保守,但也不要异想天开。

之所以问你这个问题,是想跟你说,目标实在是太重要了!大多数人之所以没有实现目标,并不是因为目标有多大,而是因为一开始就没有目标。

2012年,我大学一毕业就进入一家外企,当时的薪资待遇还不错。前前后后,我工作了将近9年的时间,却一直没有买下自己的房子,钱也没存下来。

但是后来,我居然只用了一年的时间,在2022年年初,就买了自己的房子。9年都没有做到的事,一年就做到了,现在回头想想,我为什么能做到呢?

其实没有什么特别的原因,主要就是因为我确定了目标。2021年年初的时候,我告诉自己,一定要在一年内买房子。然后我明确了首付要准备多少钱，接下来，我就开始不断地拆解，通过各种项目在一年内攒到了钱。

所以目标真的是太重要了，当你知道自己要去哪里的时候，你就真的会全力以赴地朝着这个方向前进。而且，但凡你的进度有所滞后，你就会想尽各种方法往前追赶。即使是遇到困难，你也不会觉得没办法了，放弃了。相反，你会被激发出无穷的力量来。

但是当你没有目标，或者目标很模糊的时候，你就会很迷茫，不知道接下来到底是要朝东还是朝西，有力也根本不知道该往哪里使。因此，如果可以的话，请你一定要每年给自己定一个明确的收入目标，这真的很影响你赚钱的效率。

现在我们来大胆地做一个假设，如果你一年要赚100万元，100万元就是你一年的收入目标。

说实话，100万元对于普通人来说，尤其是在自媒体时代，努努力，踮踮脚尖，是有可能够得着的。1000万元，基本上就要靠团队了。一个亿的话，很多时候，真的要靠命。

那怎么才能赚到这100万呢？

想要赚到这100万，你首先要有框架思维。

还记得我们的创业创富3大法宝吗？就是产品、流量和销售。接下来，我们就只需要用简单的小学数学框架，再加上这3大法宝，就可以完成年入100万元的拆解。也就是说，我们要用这3个要素算出一个100万元的等式。

假设，你打磨了一个产品，确定了销售价格为P，然后成功卖出了N份，这就刚好是100万元，那100万元 = P×N。在这里我们先不考虑成本，而且如果你是做知识付费的创业的话，基本上也没什么成本，你赚到的就是你的净利润。

现在我们来假设，你的定价，也就是P = 1000元，那销售数量N就等于1000份。因为1000×1000 = 100万元。

现在我们重新来假设，你的定价，也就是P = 50000元，那销售数量N就等于20份。因为50000×20 = 100万元。

现在请问，是卖1000份难，还是卖20份难？

也许每个人都有不同的答案，有人觉得卖1000份难，有人可能会觉得卖20份难。但没关系，我们先接着做数学题。

假设你是个体创业者，你的变现都是私域变现，换句话说，你的产品都是经过你的朋友圈销售出去的。现在假设你的朋友圈里有5000人，如果要分别卖出1000份和20份，它们的转化率分别是多少呢？我们来算一下，依然是：

1000/5000 = 20%；20/5000 = 0.4%。

1000份的转化率是20%，20份的转化率是0.4%，看到这儿，你觉得哪个更难？毋庸置疑，是卖出1000份更难，而且它的转化率是卖出20份的50倍。而且，说实话，根据我们的经验，一个人的朋友圈想要做到20%的转化率，是根本不可能

02 变现框架
个体变现必须要掌握的框架思维

的，但是做到 0.4% 的转化率却大有可能。

你有没有发现，有时候，按照既定的目标，卖高客单价拿结果，往往比卖低客单价更容易。这就是我们常说的，做大事和做小事的难易程度，往往是一样的，甚至做大事比做小事的难度还更小。

因此，如果你有一个年入 100 万元的目标想要通过私域卖产品实现的话，我强烈建议你，要卖就卖高客单价的产品。而且做高客单价的产品，能倒逼你快速地成长。相反，如果你一直都是服务低客单价的客户，那你很可能会一直在低水平的状态里徘徊。

同时，收高客单价，对你也是一种更大的激励和正向反馈，你做起事情来也才会更加动力满满。这很好理解，你一次收入 5 万元，跟你一次收入 100 元，给你带来的感觉肯定不一样。

另外，给你付低客单价的客户，往往比给你付高客单价的客户的要求还高得多。甚至，有的低客单价客户会觉得，"我给你付费了，你就要对我负责一辈子"，而且还会各种鸡蛋里挑骨头。

但是给你付高客单价的客户就不会有这些问题。而且很多时候，他们给你付费，并不一定是要从你这里得到什么，很可能只是为了跟你聊聊天。

还有，你收高客单价，其实也更有助于你的客户拿到结果。

因为对于客户来讲，他的沉没成本只有足够大，你说的话他才会听，他也才会去行动。

就像我们当年做某读书会的代理，我们付了20万元的代理费，换回来1000张卡。当年双十一期间，我们就一鼓作气把卡全部卖出去了。因为如果我们不把卡卖出去，1000张卡就会砸在手里，压力就会很大。

但是，如果我们只是付了1000元钱，可能行动的速度就不会这么快，甚至会觉得，卖不出去就卖不出去，自己留着用也可以。但是，面对20万元的卡，那就只有一条路——卖出去。

这就是付得越多，沉没成本越大，赚得就越快。

决定产品价格的 5 大要素

打磨一个产品,并给产品定价,这是产品上市之前我们必须要做的事情。但是,到底是什么决定了一个产品的价格呢?

作为一个个体创业者,尤其是希望通过打造个人品牌来实现创业创富的 IP,无论是知识 IP 还是商业 IP,其实,产品的成本、客户的接受程度和竞争对手的价格,都不是决定你的产品价格的最重要的因素。而是你的产品的形态、你的影响力、你的成功案例、是否有一群"牛"人说你"牛"和你是否敢要,决定了你的产品价格。

▶ **你的产品形态决定了你的产品价格**

按照产品形态来分,知识付费的产品一般有 3 种类型,分别是教别人做、陪别人做和替别人做。

教别人做。各种线下课程、线上训练营、录播课程或私教课程，都是教别人做的产品。就是我跟你讲，你听，然后你自己去实战。

陪别人做。各种陪跑项目和教练项目，就是陪别人做。我不仅教你，而且给你一对一的定制化服务，并且，在你做的过程中，我们可以实时沟通，给你各种反馈和修正，然后你接着去做。但是，我只负责动嘴，你负责动手。这就是陪别人做。

替别人做。各种流量操盘、变现操盘、畅销书全案操盘，就是直接替别人做。你付一笔费用，或者是诚意金，我替你做的同时，带着你，甚至是你的团队，在做的过程中，把你的团队也培养起来。然后，我们按结果达成的大小来做最后的结算。这就是替别人做。

教别人做、陪别人做和替别人做，哪种形态的产品定价更高呢？

毋庸置疑，替别人做的产品的定价更高。

一般来说，教别人做，线下收费3万元左右，基本达到最高了。陪别人做，目前市场上，高的收费可以达到10万~20万元。替别人做的，收费可以达到百万元以上。

当然，替别人做的产品，并不是每个人都有能力提供的。一是你要有很强的专业能力和实操能力，二是你要敢于冒险跟别人对赌。对赌式项目的收费能否成功，最关键的是看客户筛选。有实力、有积累、容易成的客户是对赌式项目收费成功的保障。

你的产品,并非只能是单一的形态,而是三者可以相互结合的。也就是说,在设计产品的时候,你陪着别人做的同时,也可以教别人做。你在替别人做的同时,既可以教别人做,也可以陪着别人做。

我有一个年度私塾产品,就是既教你做,又陪你做,还直接替你做。

第一,我会帮你梳理你的定位,设计你的产品体系,这是陪你做。但是,我也会直接给你一个创业创富的高客单价的产品,而且是给你可修改的商讲 PPT 和课程全稿。这就是直接替你做。

再有,我会一对一地教你怎么做公域流量和私域流量。这就是教你做。但是,我也会在一年的时间里,从我自己的私域里给你导流至少 1000 个高客单价的好友。这又是直接替你做。

看到这里,估计你已经看出来了,我这个私塾产品,其实就是围绕着创业创富的 3 大要素来设计的,不仅给你产品,还给你流量,最后,还帮你搞定成交。

没错,接着我会把销售、成交的所有形式都教给你,包含发售、私聊谈单、销讲和直播。这部分是教你做。但在这部分,我又会在一年里,至少帮你改 730 条朋友圈,相当于是又直接替你做了。

所以，你看，我这个产品，就是教别人做、陪别人做和替别人做的结合体。定价当然也就不会太低，但是价值也会远超你的想象。如果你想进一步了解，欢迎与我连接，备注"私塾"即可。

➤ 你的影响力决定了你的产品价格

你的影响力有多大，你的产品定价就有多高。

影响力倒不是说你一定要有多大的公域流量，而是你有多少私域流量，以及你的私域流量对你的认可度，或者说对你的

02 变现框架
个体变现必须要掌握的框架思维

黏度，也就是我们所说的你有多少铁粉。

你的铁粉越多，付费能力越强，你的影响力就越大。当你有 1000 个铁粉，并且他们还都能付得起万元客单价产品的时候，你就完全可以通过私域轻轻松松地实现"小而美"地创业。

怎么判断一个人私域质量的好坏呢？

你就看他做发售的时候，他的私域对他的支持情况。发售是一种零存整取的变现方式。在本书后文，我们还会谈到。

当一个人做发售的时候，他就会动用他的全部私域，一对一地私信邀请大家帮忙转发他的发售信进行私域裂变。这个时候，你就去看有多少人帮他转发了他的文章，在他的文章下面给他"打 call"留言，这样你就知道他的私域质量到底如何了。

目前为止，我见过最疯狂的留言和"打 call"，就是在李海峰老师的发售中。他的十年体发售信文章发出去后，3 天内就有 4 万多阅读量，400 多人打赏，600 多条留言。而且每个人在评论区的留言，真的都是一篇又一篇的"小作文"。无论是对李海峰老师为人处世的肯定，还是对李海峰老师专业度的肯定，都绝对是私域的"天花板"。

当然，最后李海峰老师的这次发售，也拿到了非常好的成绩，半个月的交易总额就达到了 1300 多万元，直接创造了知识付费发售界的记录。所以你的私域质量，真的决定了你的变现效果。

当然，如果你的私域还没有很好的积累，也不用焦虑，可以从当下的每一个粉丝、每一个好友开始。添加他们为好友后，就好好对他们，平时有事没事就多跟他们互动，与此同时，做好朋友圈的运营，给自己一点时间，相信你一定也能做好。

➤ 你的成功案例决定了你的产品价格

你的成功案例越多，尤其是超级案例或者说头部案例越多，你收到的品牌溢价就越高。

就像如果京东、阿里、腾讯都是你的客户，那未来就是客户拿着钱来找你，而不是你去找客户要钱。

在个人品牌方面，如果罗振宇、樊登、李善友、李笑来等这些人都是你的客户，那么接下来，你就静等客户上门就可以了，因为你有足够多的头部案例，客户自然就会排队等着你挑。

所以，在此建议你，你要做就做头部案例。只要你有3个头部案例，你就是行业第一。

当然，如果你说，我们现在还没有头部案例，怎么办？

很简单，看谁有头部案例就加入谁的团队，甚至免费加入，不要薪酬，主打一个拿经验和拿"背书"。但是说实话，很多时候，你不要薪酬可能对方也不一定会要你。因为对方不了解你，不信任你。所以你就得学会做时间的朋友，向对方证明你是一个靠谱的、利他的人，让他愿意带着你做事。

➤ 是否有一群"牛"人说你"牛"，决定了你的产品价格

如果"牛"人都说你"牛"，那你就是真的"牛"，而你的产品价格，自然也就可以水涨船高。但到底怎么样才能让"牛"人说你"牛"呢？说实在话，向"牛"人付费是前提，很直接，但这就是现实。

为什么？因为付费才是对"牛"人的认可。而且"牛"人说你"牛"，其实就是在帮你打广告。那既然是打广告，他为什么不给自己人打广告，要给你打广告呢？

就像李海峰老师，虽然他很有大爱、有格局，但他的资源也是有限的。既然他要为一个人"站台"，为什么不是他的付费学员，而是你呢？

这倒不是说"牛"人势利，只不过是因为"牛"人的精力也有限，他只能照顾好认可他、对他好的人。而且，"牛"人说

你"牛",给你做"背书",就是在用自己的个人品牌、个人信誉帮你做担保。但如果你都没有给他付过费,他怎么会有精力、有时间去了解你?没有了解你,他又怎么会为你这个陌生人做担保呢?

当然,除了给"牛"人付费,还有别的方式,就是要么你帮"牛"人变得更"牛",要么你加入一个"牛"人的联盟(圈子),你们之间相互托举。

说实话,现在打造个人品牌,如果你还是单打独斗,效率真的是太低了,但如果你能加入一个"牛"人联盟,那你就可以做到一天就"C位出道"。

因为所有的"牛"人,都可以为你"站台"、托举你,让你"一夜成名"。但这必须得建立在你是真的有硬实力和靠谱的基础上。如果你有硬实力,又靠谱,当下只不过是缺少一个平台,缺少一个机会,那联盟托举出道,就是最好的方式。

有一群"牛"人说你"牛",你的产品价格自然就可以收得更高。这是因为,所有"牛"人的势能相当于都加持到了你的身上。

➤ 你是否敢要决定了你的产品价格

在知识付费行业，市场上的定价真的是五花八门，有贵到离谱的，也有便宜到尘埃里的。也就是说，根据竞争对手的价格来给自己的产品定价，在某种程度上，没有什么可参考性。

更加直白一点来说就是，你是否可以定高价，往往并不取决于市场上别人是怎么定价的，而是取决于你是否敢要。

很多时候，是否敢要，背后隐藏着的是你的配得感，也就是你觉得自己值不值得这么高的定价。只要你觉得值，你有笃定感，你对自己的价值输出有强大的自信，你就可以定个高价。

定高价的好处我们在前文也已经讲过，在此就不再赘述。

但我分享一个我在知识付费领域深耕 9 年，所发现的一个扎心但又是真相的事实。那就是，很多有付费能力的人，之所以不给你付费，是因为你太"便宜"了。

因为很多有付费能力的人，他们的消费理念就是"一分钱一分货"，我买贵的，大概率就会买到好的。而且很多人在选择付费时，看中的也并不只是你的产品本身，还有你背后的圈子。圈子越贵，价格就越高。

所以，请你一定要做一个敢要，敢于"狮子大开口"的人。

当然，价格越高，你要给客户的确定性也就要越高。只有这样，你才会走得更远。

个体创业创富的 2 大方向和 6 条路径

在前文中,我们已经反复强调,产品、流量和销售,是个体创业创富不可或缺的 3 大法宝,尤其是产品,是我们变现的基础。但我们具体可以通过销售什么产品来实现变现呢?

在这个人人都是自媒体、人人都可以打造个人品牌的时代,我发现,作为一个个体创业者,我们可以拥有 2 大变现方向和 6 条变现路径。

2 大变现方向,一是产品变现,一是流量变现。

产品变现,指的是销售自有产品进行变现。流量变现指的是把自己作为一个渠道方,销售第三方的产品,从而进行分润。

产品变现,又有课程变现、圈子变现、私教陪跑、操盘变现、招商变现等多种形式。接下来我们逐一拆解。

➤ 课程变现：不仅要有培训思维，更要有销讲思维

课程变现，又分线上课程和线下课程。

线上课程，也分直播课和录播课。直播就是实时讲授，好处是既可以和学员实时互动，又可以边讲边销售。但不好的地方在于，对主讲人的时间要求比较高。

录播课，就是你只要花一次时间和一定的成本，课程录好之后，就可以循环反复地进行销售。只要你把课录好了，成本就是固定的，不会因为多一个人购买而有任何的成本增加，也就是边际成本接近于零。这就是一份时间多次销售。而且，你还可以组织大家进行分销。分销的目的，是获取更多潜在客户。

但如果仅是单纯的线上录播课程，没有其他的服务和圈子，只让学员自发地学习，这种形式现在也已不大受欢迎，而且也不好做后端的转化。

所以如果你实在是不能直播的话，更推荐的是，你可以先录好课程，然后安排助教对大家的学习进行跟进，提高大家的完课率，这样不仅可以保证你的课程口碑，还可以提高后续高客单价产品的转化。

比如，一个为期 3 天的录播课程，你可以把所有的学员都邀请进一个学习群里，做成一个为期 7 天的陪伴学习项目。在开学前，给大家组织开营仪式，打造社群的仪式感。然后每隔

一天就是正式的课程学习，这样大家学起来也不会有很大的时间压力。同时为了保证大家的完课率，你还可以每天进行督学和打卡。

另外，你还可以邀请往期优秀学员在社群内进行带教，让他们隔一天在群内，把录播课程的内容结合自己的理解和实践进行复盘和拆解。

复盘和拆解可以是文字加图片的形式，这样也有助于没时间实时在线学习的同学"爬楼"。同时，为了传递你对学员的关注，你还可以给他们整理好相关资料，并一对一地发送。

分享也不需要用其他平台，直接在社群内进行即可。

在群内进行的好处：第一，可以丰富群内的运营动作；第二，在群内画出重点的干货内容，还可以吸引其他没听课的人，去听录播课程；第三，听了录播课程的学员，看文字分享也可以进一步复盘和巩固自己所学的内容。

对于群内做分享的往期毕业生人选，你可以特别邀请的是购买了你的后端产品，而且是拿到结果的学员。这样可谓一箭双雕，对于学习录播课程的学员来说，这就是客户证言和认可；对于分享的毕业生来说，这也是在帮他们扩大影响力。

线上课程，往往扮演的就是一个引流品的角色。引流品就是给客户验货的，所以，我们不仅要诚意十足，成交也要用心设计。

02 变现框架
个体变现必须要掌握的框架思维

因此，在线上录播课里，我们也要有意无意地进行产品的"种草"，同时在社群内做直播的"加餐"和转化，也就是直播的销讲。

以下是我们做 7 天训练营转化的社群运营日程安排，当然，并非每个训练营的安排都是固定不变的。但不管怎么变化，目标都是完成最后的转化。供你参考。

时间	DAY-1	DAY-2	DAY-3	DAY-4	DAY-5	DAY-6	DAY-7
9：00	今日社群头条：发布今日社群内具体安排	今日社群头条：发布今日社群内具体安排	今日社群头条：发布今日社群内具体安排	今日社群头条：发布今日社群内具体安排	今日社群头条：发布今日社群内具体安排	今日社群头条：发布今日社群内具体安排	今日社群头条：发布今日社群内具体安排
11：00	——	第1节课课程内容炒群预热	第1节课课程复盘预热	第2节课课程内容炒群预热	第2节课课程复盘预热	第3节课课程内容炒群预热	第3节课课程复盘预热
12：00	开营预热	第1节课课程内容炒群，提前透露部分课程内容，吸引学员上线学习，提高到课率和完课率	第1节课课程复盘，可由优秀毕业生或运营官带领	第2节课课程内容炒群，提前透露部分课程内容，吸引学员上线学习，提高到课率和完课率	第2节课课程复盘，可由优秀毕业生或运营官带领	第3节课课程内容炒群提前透露部分课程内容，吸引学员上线学习，提高到课率和完课率	第3节课课程复盘，可由优秀毕业生或运营官带领
13：00	群内自我介绍预热	炒群后群内接龙相互触发	复盘学习输出打卡	炒群后群内接龙相互触发	复盘学习输出打卡	炒群后群内接龙相互触发	复盘学习输出打卡
14：00	自我介绍开始	发布炒群内容汇总	发布复盘内容汇总	发布炒群内容汇总	发布复盘内容汇总	发布炒群内容汇总	第3节课课程学习测试

· 087 ·

(续接上表)

时间	DAY-1	DAY-2	DAY-3	DAY-4	DAY-5	DAY-6	DAY-7
18：00	开营仪式倒计时2小时	第1节课开课倒计时2小时	一对一群发提醒完课	第2节课开课倒计时2小时	一对一群发提醒完课	第3节课开课倒计时2小时	一对一群发提醒完课，结营仪式倒计时2小时
19：00	开营仪式倒计时1小时	第1节课开课倒计时1小时	——	第2节课开课倒计时1小时	——	第3节课开课倒计时1小时	结营仪式倒计时1小时
19：30	一对一群发提醒	一对一群发提醒到课	——	一对一群发提醒到课	——	一对一群发提醒到课	一对一群发提醒
20：00	开营仪式	第1节课课程学习	第1节课课程学习测试	第2节课课程学习	第2节课课程学习测试	第3节课课程学习	结营仪式

当然，我们还有上万字的详细的社群运营SOP（标准作业程序），包含所有的活动话术、群规话术、自我介绍话术、倒计时话术、课程预热话术等，应有尽有，甚至开营和结营的逐字稿都有。如果你感兴趣的话，可以与我连接，备注"社群运营"即可。

02 变现框架
个体变现必须要掌握的框架思维

线下课。现在的线下课,真的非常"卷",卷到很多个人IP都直接把线下课变成了前端的引流课,或者是正价销售的圈子产品里的福利。所以在线下课中,一般也会设置后端的成交。就是说,线下课在做好交付的同时,也要做好复购和升单。

同时,为了更好地成交,线下课现在的时长往往也会被拉长,变成3天2夜,用的就是一种"熬鹰"的模式。在这3天2夜里,IP讲师和线下运营团队,都会开足马力,十八般武艺和各种产品组合齐上阵,主打的就是"总有一个会打动你"。

为什么把线下课变成一个福利品或者是引流品呢?

(1)有线下课做促销,圈子型的产品才会更好卖。

(2)线下课的场域相对于线上,更适合高客单价的产品转化。

因为是3天2夜封闭式培训,所以只要客户来了,等于他就是把他这几天全部的时间都给了你,所以相对于线上来说,他也会更专注。另外,线下这种面对面的方式,更有助于双方建立信任,成交也会更容易达成。

所以,设计线下课程,不仅要有培训思维,更重要的是要有销讲思维。培训思维,确保交付的满意度。销讲思维,确保成交的转化率。

➤ 圈子变现：从人脉到联盟

圈子变现，现在最常见的就是各种私董会和研习社。私董会和研习社的定价一般都是万元起步，高的还会达到 30 万元每年。

选择圈子产品的客户，大概率看中的并不只是学习，更多的是人脉的连接、势能的联盟和项目的合作。

一般来说，圈子类型的产品，往往包含的权益会有高端人脉微信群、线下课程、线上闭门分享会、线下闭门会或高端私宴，以及一些大家可能都想要的项目实操 SOP。

高端人脉微信群，主要是客户彼此之间相互连接、相互交流的场所。交流的主题大多也是以 IP 所在的领域为主。比如，IP 如果是做发售的，那群内的交流也是以发售为主；IP 如果是做个人品牌打造的，那群内的交流也是以个人品牌打造变现为主；IP 如果是做直播变现的，那群内的交流也是以直播变现为主……

线下课程，就是刚刚我们所讲到的。如果说高端人脉微信群，主要满足的是客户的连接价值，那线下课程，主要满足的就是客户的干货价值。线下课程，一般是 IP 主讲，但也会有联合主讲。除此之外，IP 往往也会做一些定向的邀请，比如邀请他的客户进行分享。这部分，主打的是客户见证，就是为了成交设计的。

02 变现框架
个体变现必须要掌握的框架思维

线上闭门分享会，一般除了 IP 分享最新的心法和技能迭代之外，还会邀请一些给他付费，但又是各个赛道里的超级个体来做专业主题的分享，也会有一些优秀的客户代表分享实战心法。

线下闭门会或高端私宴，基本就是 IP 会把自己送上门，以一二线城市为主，为的是加深彼此的连接。毕竟线上聊一千次，还不如线下见一次。见一面，吃个饭，加深一下彼此的感情，你有业务上的问题和卡点，就帮你现场诊断和指导。

同时，因为有线下闭门会和高端私宴这样的交付方式，私董会"爆雷"的可能性也就会大大降低，好评率和每年的续费率就会更高。

项目实操 SOP。很多东西，线下课程听一遍，你可能回去后还是不知道怎么做。这不是老师的问题，而是线下课程时间有限，即使能给你讲具体的方法论，但是颗粒度也不会细化到每个具体的操作上。

因此，项目实操的 SOP 在这个时候就会显示出超高的价值。了解了背后的底层逻辑和方法论，回去后你只要拿着项目实操的 SOP，就可以对应着自己的实际情况稍微调整，把自己的项目做起来。

IP 如果是做发售的，他给你的就是发售操盘的 SOP；IP 如果是做个人品牌的，他给你的就是个人品牌变现的 SOP；IP 如果是做直播的，他给你的就是直播变现的 SOP……拿走就可以用，目的就是降低你的操作难度。

▶ 私教陪跑：不仅要教别人做，更要替别人做

单纯的私教陪跑，基本上是属于咨询类的产品。这类产品，大多采用的是一对一或多对一的交付方式。总体上就是，你说然后客户听话照做，偏向于直接给客户提供解决方案。

但是私教陪跑型的产品，交付的标准和界限往往相对比较模糊，最终的结果的获得，取决于客户的行动力，因此想要保障产品的口碑，难度相对比较大，想要有后续的客户复购和转介绍也会更难。所以，现在市面上单纯的"你动嘴，客户动手"型的私教陪跑也越来越少，而是往往会把给客户的私教陪跑设计到圈子型的产品权益中，这样私董会的产品也就更有竞争力，销售力也会更强。

当然，更好的方式，是把我们前面说的 3 种产品形式——教别人做、陪别人做、替别人做，结合起来设计成私教型的产品。也就是既教你做，又在某种程度上或完全替你做。

比如，既一对一教你怎么打磨自己的产品，又直接给你一个产品；既一对一教你怎么做发售，又给你 SOP 模板带你做一

次发售；既一对一教你怎么搞私域流量，又直接给你推送流量；既一对一教你怎么写朋友圈，又帮你改朋友圈……

但是，这个交付真的很重，所以一年下来，能服务的客户数量也有限。不过，好在这样的产品，价值也足够高，确定性也足够大，所以客单价也就可以定得更高。假设是个体创业，一年定价5万~10万元，成交二三十单，收入100多万元，也是很好的。

▶ 操盘变现：项目筛选是对赌式服务的成功保障

私教陪跑和操盘变现，这两个产品的区别在于，你在多大程度上直接替客户做。单纯的私教陪跑产品，就是你动嘴，客户动手。操盘变现，则是直接替客户去做。

现在市场上最火爆的操盘模式是结果式付费，即不收基础服务费，而是收诚意金，双方签对赌合同。比如，收取100万元，我承诺你做到多少倍业绩，做不到我就按比例把钱退给你，做到了后，超过的部分，我则按照多少比例抽成。

这就要求你，不仅要有非常强悍的实力作为支撑，还要有非常严格的项目筛选标准。好产品，好项目，是对赌式操盘的成功的保障。

每个操盘项目的筛选标准不一样，在这里，我们以发售型项目来举例。

发售型的项目，一般会从以下5个维度对IP进行筛选：

（1）定位力。是否有非常明确的定位，定位是否离结果很近，在自己的领域里是否取得了一定的积累，是否有很多的成功案例，甚至是超级案例，人品、口碑及好评度是否良好。

（2）产品力。是否有高客单价的产品，产品是否为刚需，是否离钱近，产品是否已跑通交付闭环，是否搭建了团队，是否可实现批量化的交付。

（3）私域力。私域好友数量是否大于5000人，是否有高客单价客户，朋友圈是否每天发3条以上，朋友圈的内容除了广告以外，是否有干货及与价值观相关的内容。

（4）成交力。是否具备高客单价成交的能力，是否做过社群销讲，是否做过直播成交，是否有与他人连麦成交的经历。

（5）联盟力。是否已加入一些高客单价的圈子，在圈子里的人缘、口碑是否良好，是否可以邀请到10个以上帮忙连麦成交的高势能IP，人品和格局是否利他。

如果按照每一项1~5分的评分制，至少有3项3分以上，那操盘成功的可能性才会比较大。如果你也有自己的操盘产品，那你就可以参考这5个维度来筛选自己的客户。

▶ 招商变现：赚钱能力的复制

招商变现，本质是赚钱能力的复制，就是把你的项目赚钱的能力复制给别人。但很多人的误区是，他自己还没开始变现，还没跑通商业模式，还没搭建好批量交付的系统，就开始招商"割韭菜"。

我和聪聪老师在2019年曾经代理过某读书会的产品，所以对招商加盟深有体会。

那时候，市场对认知提升的需求还如饥似渴。所以我们在当年的双十一，就把1000多张读书卡一次性全部卖了出去，20万元的代理费也就全部赚了回来。

但是好景不长，有一段时间市场不景气，很多拿了读书卡的代理商就把卡砸在了手里，然后开始抱怨品牌方收了代理费就不管了，没有得到相应的支持。当时，我们的上级还让我们帮忙消化过一些别的代理商的库存。

所以，如果你想要通过招商来变现，你就得明白代理商真正的痛点是什么，他们可能的担心和诉求是什么。根据我的观察，他们的担心基本上有两个：第一，我的钱万一赚不回来怎么办？第二，我到底怎么才能把产品卖出去？

针对第一个问题，我们在设计招商项目的时候，就要考虑是否可以做出相应的承诺。比如，赚不回来，我给你兜底，回购。

针对第二个问题,我们在帮代理商落地的时候,就要考虑是否可以降低他们卖货的难度。

比如,在流量层面,是否可以给他们可复制的方法;在成交层面,是否可以给他们准备好产品的介绍视频和文字,以及各种常见问题的SOP,甚至直接下场帮他们完成成交,他们只管拿分润就可以。

当然,细化下来,还有朋友圈的文案、海报等,是否可以给他们提前准备好,让他们只要一键转发就可以。

总而言之,就是既给承诺,解决后顾之忧,又给方法,降低代理商拿结果的难度。

以上就是产品变现的5种常见途径,课程变现、圈子变现、私教陪跑变现、操盘变现和招商变现。

接下来,是流量变现。

➤ 流量变现:个体创业创富的商业闭环

流量变现指的是把自己作为一个渠道方,销售第三方的产品,从而进行分润。

这种方式在本质上就是IP把流量积累起来以后,给他人做

"背书",在自己的圈子里推荐他人的产品。这也是一种提升客户终身价值的方法。

李海峰老师做 DISC+ 社群的时候,就是这么做的。在做 DISC+ 社群 9 年的时间中,他只讲一门课程,就是 DISC。但是给他付费学习 DISC 课程的学员,都是高客单价客户。

第一,他们有很好的付费能力,每一个付费万元的学员,都很有可能再付费几十万元;第二,他们非常认可李海峰老师,可以说每个学员上完课后,都会变成李海峰老师的铁粉;第三,他们有为成长付费的意识和需求。

所以李海峰老师邀请了很多市面上最"牛"的大咖老师来给 DISC 课程的同学包班,比如正面管教创始人简·尼尔森博士,全球教练机构三强之一的埃里克森国际学院院长玛丽莲·阿特金森博士,4D 领导力创立者、美国宇航局原天文物理学部分主任查理·佩勒林博士……

包班是指,李海峰老师给大咖老师付比市场价高的课酬,请他们专门来给 DISC+ 社群的学员进行培训,然后李海峰老师负责在社群里招生,给学员的是比他们单独在市场上报名这个老师的课程更低的价格。

比如,单独报名这个老师的课程,你可能需要付 16800 元,但是来参加李海峰老师组织的包班,只需要付 8800 元。这就是一个多赢的设计。通过这种多赢的设计,同时又有李海峰老师的"背书",所以基本上每一期课程都是爆满的。而且经常是只要课程一推出,名额当天就被抢完了。

多的时候,一次包班的报名人数可以达到300多人,课程现场真的是人挤人,非常之疯狂。

这就是一个IP的影响力,只要你得到了客户的认可,你推荐的任何产品都会被客户毫不犹豫地买单。

当然,这里需要特别注意的是,IP推荐产品的时候,千万不要什么产品都推荐,而是要围绕着你的IP人设、客户画像和客户的需求出发去推荐。

为什么李海峰老师可以向他的客户推荐这些领导力的课程、教练的课程、亲子教育的课程,甚至引导师认证的课程?因为李海峰老师的客户群体,大多是企业中高管、创始人及百万年薪的讲师,同时他们又大多是父母。

所以他们对管理团队、赋能员工、设计培训项目及亲子关系的处理等,都有着真实的需求。

而李海峰老师本身又是著名培训师,所以他推荐的这些课程也都符合他的IP人设,因此就更具有说服力了。加上包班价格相比市场价格也更优惠,所以期期爆满就自然而然了。

这就是IP的流量变现。只要你的客户对你的认可度足够,你就既可以通过产品变现,又可以通过流量变现,真正地实现个体创业创富的商业闭环。

本章总结

到这里，第二章的内容就讲完了，接下来，我们做一个简单的总结：

一、做大事和做小事的难易程度是一样的，因此，要卖就卖高客单价。

二、你的产品形态、你的影响力、你的成功案例、是否有一群"牛"人说你"牛"、你是否敢要，决定了你的产品价格。

三、个体创业创富有2大方向：产品变现和流量变现。产品变现有课程变现、圈子变现、私教陪跑、操盘变现、招商变现。流量变现，是个体创业创富的商业闭环。

落地公式 03

1个公式
让你从知道到赚到

从产品到销售，再从销售到交付，无处不体现出产品的重要性。

但是大多数人却都掉入了一个误区，就是宁愿花90%的时间去做销售，去卖一个垃圾产品，却不愿意花90%的时间去打磨一个好卖的产品，然后只用剩下10%的时间就可以把产品卖好。

一个好卖的产品，就是一个超级杠杆，不仅可以帮你节约大量的营销成本，还会自动帮你完成成交。

华为手机、小米汽车、苹果手机……它们无一不是好卖的产品。而前期，这些公司也都是投入大量的资源在产品的研发和打磨上。后期，在销售上，他们即使只用了一点力量，就达到了事半功倍的效果。

通过第二章的内容，你也已经知道了个体创业创富的2大方向和6条路径，但到底应该怎么策划出一个好卖的产品呢？想要策划一个好卖的产品，首先你就得了解好产品的4个标准。

好产品的 4 个标准

> **第一个标准：解决客户的问题**

客户为什么会购买你的产品？

可能会因为销售者本身的人格魅力，当然也可能因为便宜，因为有福利，甚至因为冲动，等等。

但是，客户之所以会购买你的产品，大多数情况都是因为他想要用你的产品来帮他解决某一个问题，或者完成某一个任务。

换句话说，客户看上你的产品，并非是看上你的产品有什么特点，或有什么功能；而是看上了你的产品可以帮他得到某个结果，获得某些利益。

产品和功能重要吗？重要，但是结果和利益更重要。人也只会关注跟自己相关，对自己有利的事情。

比如，客户买你的电饭煲，是因为你的电饭煲是国外进口的？是因为它是用特殊材料制作的？都不是。客户买你的电饭煲，可能是因为你的电饭煲可以定时蒸煮，这样他早上就可以多睡一个小时，起床后还可以喝到香喷喷、热气腾腾的小米粥。这才是客户真正想要的。

再比如，客户买你的课程，看中的也并不是你的课程时长，也不是是否可以免费复训。而是，学完后，他是否可以做出自己的高客单价产品，是否可以实现变现。这才是客户真正想要的。

又比如，客户买你的房子，看中的是房子的建造材料吗？也许是，但这不是最重要的。客户之所以买你的房子，是因为他想要解决孩子上学的问题。因此当你告诉客户，在这个小区里，幼儿园、小学、中学都有，可以让他不出小区就解决孩子的教育问题，他购买的概率就更大。

其实，这个就是前面我们讲到的FABE中的Benefit，这才是客户看中的。

所以，如果你要策划一个好卖的产品，就千万要记住，不要以产品为中心，而是应以客户想要解决的问题、想要完成的任务为中心。

这是一个好产品应具备的最基本的要素。

➢ 第二个标准：降低客户使用产品来解决问题的难度

一个好产品，除了要帮客户解决问题之外，更重要的是降低客户使用产品来解决问题的难度。否则这个产品就不能被称之为一个好产品，也不可能成为一个有口皆碑的爆品。

比如，我们现在几乎人手一部的手机，我们要用它来解决的最基本的问题是远程联系和信息搜索。但是如果为了学会使用手机，我们不得不读完一本如《新华字典》那么厚的说明书，那手机就不是一个好产品，更不会成为一个普及度这么高的爆品。

手机之所以能这么普及，除了随着科技技术的进步，其价格不断地降低这一原因之外，最关键的就是它极致地降低了人们使用它来解决问题的难度，基本上你只要把手机拿到手，就知道该怎么使用。

写到这里，也让我不禁想起了几年前。当时，我爸妈还在用老人机，我跟他们说，我要给他们每个人买一部智能手机，这样也方便他们和我们视频通话。

但没想到的是，他们却异口同声地说："不要，不要，不要，不会用，我们不会用，你别买。"

我知道，父母之所以这么说，其实是因为他们怕增加我的负担，舍不得我花钱。但不可否认的是，他们真的也担心自己不会用。

不过我还是不管三七二十一，直接给他们网购了手机快递回家。

一开始，他们嘴里还念念有词，说"哎呀，怎么又乱花钱……"，但后面神奇的事情发生了，他们花了不到3天的时间，就学会了怎么下载抖音，怎么刷短视频看直播，怎么购物付款……

更好玩的是，现在我每次打电话回家，问他们在干吗？他们都说在看直播，看我们当地一个网红媒婆介绍对象。而且还跟我绘声绘色、手舞足蹈地说，哎呀，谁谁谁又成了，然后人家新郎新娘又连麦感谢那个网红媒婆了，甚至左手一只鸡，右手一只鸭地上门去感谢了……真的是听得我也不亦乐乎。

这个现象背后的逻辑，就是极致地降低客户使用产品来解决问题的难度。

同理，如果你是教别人减肥的，但是你跟客户说，你得管住嘴，迈开腿，你才能减肥成功。那我告诉你，客户基本上做不到。

为什么？因为这反人性，人性就是贪嗔痴。如果我能做到管住嘴，迈开腿了，我还来找你干什么？

甚至说得不好听一点，即使吃药可以减肥，能坚持下来吃3个疗程的，也没有几个人。我身边就有很多朋友，买了减肥药，连吃都没坚持吃完，最后就是过期扔掉，然后自己还是原来那个样子，该是多少斤还是多少斤。

03 落地公式
1个公式让你从知道到赚到

　　这就是你没有降低客户使用产品来减肥的难度。相当于客户拿结果的难度很大，那最后你的产品也就很难得到客户的好评，自然也就基本上不可能有后续的复购和转介绍。

　　但是，如果你告诉客户，你不用吃药，不用运动，不用节食，只要听课，你就能减肥成功，而且不反弹。未来你想吃就吃，想瘦就瘦，最终实现"享瘦"的人生。做不到的话，我还给你退费。那我告诉你，你的产品就是一个好产品，因为你不仅不反人性，而且还迎合了人性。

　　真的有这样的产品吗？当然有，就是我们前面已经讲到的徐珂老师，她就有一个"轻松减肥"的训练营，可以帮助你不用吃药，不用运动，不用节食，也能减肥成功。如果你想要了解和学习的话，可以私信聪聪老师帮你对接。

夏聪
· 高客单成交教练
· 畅销书全案操盘手
· 《创业创富》作者

加我微信交个朋友

如果你是教别人做短视频 IP 变现的，这难不难？我告诉你，很难。因为做短视频变现，你不仅要会写文案、拍摄，还得剪辑、开发课程，然后直播销售，接下来你还得写朋友圈，运营社群，等等。

以上这些，普通人但凡能做好一件，就已经很了不起了，能做好任何一件，你都可以把它单独拿出来去赚钱。比如写朋友圈，如果你可以通过朋友圈实现变现，那你就可以去教别人怎么写朋友圈变现。

但是，想要做好这些，真的太难了。所以教别人做短视频 IP 变现，是很难出结果的。因为这件事的难度很高。

那有没有在短视频变现方面可以相对容易拿到结果的产品呢？

当然有，就是我爱人聪聪在做的副业——短视频带货。在短视频 IP 变现上要做的事，在短视频带货上，基本都不用做。

因为短视频带货不用出镜，不用拍摄，不用直播，不用囤货，也不用管售后。你每天要做的事情，核心就两个：选品和剪辑。

这就是极致地降低你的做事难度。而且他们还会在群里每天给你推荐爆款产品，也就是说，你可以不用自己选品，而是按照他们推荐的来选品。想要了解怎么做的，直接私信聪聪老师。

03 落地公式
1 个公式让你从知道到赚到

当然，这个也只是她的副业，她的主业是一对一高客单价私聊成交，如果你想要了解怎么做好高客单价成交的话，也可以发私信跟她交流。

但还是那句话，这个世界就是个概率的世界，如果你想要拿结果，就不要轻易放弃，而是持续行动，坚定地做时间的朋友，用数量拼概率。

这就是降低客户使用产品来解决问题的难度。

其实，这个逻辑的背后，有一个心理学公式，叫福格行为模型。福格教授是行为设计学之父，也是哈佛大学行为设计实验室的创始人。福格行为模型就是以他的名字来命名的。

行为 = 动机 + 能力 + 提醒。

也就是说，想要一个人做出什么行动，你得满足他的动机、能力、提醒这 3 个要素条件。

首先，动机。

所谓动机，就是一个人干一件事的动力来源。

比如，你在群里发了红包，别人为什么会去抢红包。原因很简单，因为红包就是钱，就是利益。因为有利可图，所以群成员们才去抢红包。

再比如，一个人为什么要起早贪黑，因为他得工作，工作了才有钱，有钱就可以给家里的孩子买奶粉，给孩子提供优质的生活。养育孩子，就是一个人的动机。

又比如，一个人为什么要买你的产品，他的动机就是要用你的产品来解决某个问题，来完成某个任务，获得具体的利益。

其次，能力。

能力是指做这件事情的难度，或者说这个人是否具备采取行为的能力。做这件事的能力要求越低，也就是说难度越低，一个人就越容易有所行动。

就像刚刚说到的抢红包，为什么大家那么积极？那是因为，除了有利可图之外，"抢"这个动作很简单，只需要点开红包就可以了，对所有人都没有什么能力上的要求。

这其实就是在迎合人性。

从产品策划的角度，就是在尽可能地满足客户的动机的需要的同时，又要降低对他的能力的需要。因为，人天生就是趋利避害的，也是天生就喜欢简单、不费劲。

能力包括 4 个维度，分别是脑力维度、时间维度、金钱维度和体力维度。

脑力维度，是指做一件事对脑力的需求程度。

如果一个知识点理解起来很难，那学员可能就会昏昏欲睡。这也是为什么大家喜欢看小说或漫画之类的不需要特别动脑子的书籍，而不喜欢看哲学类的书。

因此，在运用上，如果我们要做课程设计，就要尽可能地把复杂的概念简单化，尽可能地做到既有理论知识，更有实操

03 落地公式
1 个公式让你从知道到赚到

落地拆解的案例和故事，尽可能讲得更通俗易懂一些，这样学员学起来也就更加容易，也更容易有获得感。

时间维度，是指做一件事情所需要的时长。

时间越长，对客户的完成度的挑战越大，尤其是在当下客户的注意力都很稀缺的年代。其实这也是短视频之所以能如此火爆的原因，因为它足够短，很容易让人刷着刷着就上瘾。

具体到运用上，比如我们前面说到的一句话介绍产品，第一就是减少对客户的时间的需要；第二是通过一定的设计，突出产品可以带给客户的利益点，满足客户的动机，引发其好奇心，然后使其进行咨询。

比如，现在很多课程一节只有 5 分钟，最多 10 分钟。这样做的目的，就是降低对你的时间的需要。所以千万不要说你没有时间学习，你等车，排队，是不是就可以听两节课呢？

如果是做训练营，尤其是前端引流品类的训练营，千万不要连续排 7 天的课程，最好短平快，3 天就可以完成。这样做的目的，其实也是降低对客户的时间的需要。

相反，如果你要求客户连续 7 天都在线听，那客户就很难做到。最后，客户的完课率就很低，你想要好评，甚至想要转化，也就基本上不可能了。

金钱维度，是指做一件事情的金钱门槛。

门槛越高，做的人和能做到的人就越少。比如，如果跟你

· 111 ·

说，抢红包可以，但请先发 200 元红包。我敢跟你保证，基本上不会有人这么做。这在社群的运营和管理上，体现得非常明显。

在社群里，总有一些人会控制不住地想要发广告，这个时候，如果你提前跟大家定一个群规说"欢迎大家发广告，同时记得每次先发 200 元红包"。基本上群里就不会有广告了，因为 200 元就是金钱门槛。

同理，为什么很多引流品的课程不收费，或者是收费很低，比如 1 元钱，或者 9.9 元钱之类的？其实就是降低客户进入的门槛，给别人一张可轻松获取的入场券。

体力维度，是指做一件事情对一个人的体力要求。

比如，为什么说减肥时要管住嘴、迈开腿，往往很难做到呢？很简单，因为它对一个人的体力提出了很高的要求。人是能坐着就不站着，能躺着就不坐着的。而现在，你要求我跑起来，太反人性了。

体力维度往往也是和时间维度、脑力维度成正相关的。

总的来说，如果你想要一个人做出某种行为，在降低对一个人的能力的需要上，总共有 4 个维度：脑力、时间、金钱、体力。如果这 4 个维度你都能做到，那你想要一个人动起来，问题就不大。

举个简单的例子。

你在直播间里想要引导客户参与抢福袋,那你就可以说:"大家可以点击一下左上角,领福袋,福袋里是价值百万的创业创富100条锦囊实体书,抽中的话,我们会给大家免费包邮到家。"注意,是实体书籍。同时,你在直播间里再展示一下实物。

这就是既满足了客户的行为动机,同时,也降低了客户的操作难度。只需要点一下抽奖就可以,既不用你花钱,不用你费脑力和体力,也不需要你花多少时间,你当然乐于去做。

当然,这里也做了"提示",就是提醒客户,可以点一下左上角,给客户下了指令。

为什么要有提示?因为人的行为是需要被提醒的,这部分内容我们在前面的章节中已经做了说明,在此就不再赘述。

行为 = 动机 + 能力 + 提醒,这就是行为的本质。

一个好的产品,就是要围绕客户的行为去设计,协助客户顺利地解决问题,圆满地完成任务。这其中非常关键的,就是一定要降低客户使用产品来解决问题的难度。

➤ 第三个标准:让客户有情绪上的峰值体验

好产品的第三个标准,非常重要,就是要让客户有情绪上的峰值体验。除了让客户有获得感,还要让客户有情绪上的体验感。

峰值体验，源自著名的认知心理学家、诺贝尔经济学奖得主丹尼尔·卡尼曼的峰终定律。

什么叫峰终定律？

峰终定律，是指人们对体验的记忆由两个核心时刻决定：第一个是体验最高峰的时候，无论是正向的最高峰，还是负向的最高峰；第二个是结束的时候。

换句话说，一个人在体验一件事情的过程当中，最重要的是两个值，一个是峰值，一个是终值。即在事情进行过程当中的高峰体验，还有事情结束时的体验，这两个体验将决定我们对整件事情的评价。

比如，我们去餐厅吃饭，吃到了我们最爱吃的一道菜，结束的时候，餐厅给我们赠送了一个果盘，那不管过程中其他饭菜口味如何，我们对这个餐厅的评价也都还不错。

也就是说，如果我们要打造一个产品的客户体验，就可以从这两个点出发，做好客户最高峰的体验和结束时的体验。

怎么打造峰值体验呢？可以用以下 4 个方法。为了帮助你更好地理解和运用，在每一个方法下面，我都会以李海峰老师的线下课来给你举例拆解。

方法一：打造欣喜时刻

打造欣喜时刻，就是给客户制造惊喜，给客户超出期待的体验。

比如，大多数线下课程只会给学员制作带有名字的桌牌，但是李海峰老师的 DISC 线下课程，桌牌是由专业设计师用每个学员的形象照来进行设计的。

再比如，你去参加一个线下面授课，老师把他的 PPT 给你，你就很开心了，对吧？但李海峰老师不仅给你原版 PPT，还给你提供讲师的逐字稿。

另外，其他老师给你提供资料的时候，给你发个百度云盘链接，你直接下载就可以了。但李海峰老师直接给你一个装好资料的 U 盘，而且是定制版的，上面带有你的名字。你直接拿回去插在电脑上，就能使用。

还有，因为学员可能从事不同领域的工作，比如有人可能讲授亲子教育的课程，有人可能讲授销售的课程，也有人可能讲授领导力的课程……李海峰老师就把 DISC 衍生出来的相关主题的 PPT 都给你。比如 DISC 与亲子教育、DISC 与沟通、DISC 与销售、DISC 与领导力等，总共有 64G 的资料。

而且这些 PPT 都是非常精美且可修改的版本，你结合客户的需求，改改就可以使用。

这就是给客户打造欣喜时刻，给客户超出期待的体验。方法很简单——不过度承诺，但超值交付。

方法二：打造认知时刻

打造认知时刻，是颠覆和突破客户的原有认知，给客户创造顿悟的感觉。

知识付费类型的产品，活动体验、游戏及金句就是打造认知时刻最好的方式。

李海峰老师的线下课里，就有很多金句。

比如：你永远赚不到行动之外的钱。这句话，我第一次听到，就有全身发麻的感觉，因为我们大多时候，听到的是"你永远赚不到认知之外的钱"。

但李海峰老师跟你强调更多的是行动。如果钱就在那里召唤你，对你说"你赶紧来啊"。但是，你不来，你一动不动，那你就赚不到。

结合我们前面所说的内容"结果＝行动 × 概率"，相信你也会和我一样，深度认同"你永远赚不到行动之外的钱"这句话，而且会有一种突然被击中的顿悟感。

再比如，李海峰老师讲到怎么衡量一件事情是否做好了，他说有两个标准：一是是否拿到了你想要的结果，二是跟干系人的关系是否变得更好。

我当时听到的时候，也有一种任督二脉被打通的感觉。因为我们平常在做事情的时候，往往只顾着结果，而忘记了关系的维护，忽略了别人的感受。又或者是，我们可能会担心对方的看法，患得患失，最后反而没有拿到想要的结果而懊悔不已。

后来我跟其他同学交流的时候，他们甚至还因为这句话，找到了夫妻、婆媳之间的相处之道。

这就是打造认知时刻，给客户顿悟的感觉。

方法三：打造荣耀时刻

打造荣耀时刻，是指满足客户的成就感，不断地激发客户。

打造荣耀时刻，最简单的方法是认可对方。当你认可对方的时候，你所表达的就是"你所做的，我都看在眼里，我很欣赏你"。

李海峰老师在他的线下课程中打造荣耀时刻，真的是做到了极致。

现在线下课的场地布置"卷"到了天花板，几乎每个 IP 都恨不得把线下课变成一场极致的视觉盛宴。但在这方面，李海峰老师反而坚持极简，只有背景板。

不过，李海峰老师"卷"的是别人没法做到的地方。比如，他要求他的御用摄影师在给学员拍照的时候，要夸出每个人不一样的地方。

他可能会说"你今天穿的紫色衣服，真的是比明星更穿出了高级感""你今天戴的大耳坠就说明了你在家里肯定是一个超级幸福的女人，一看就知道这是你老公送的""你的碎花裙子在哪里买的，赶紧把链接推荐给我，好吗？""哎呀，我从来没有看到有人拍照的时候，可以笑得这么自然，简直就像是今天早上我看到的一朵花一样"……

摄影师对每个人夸的内容都不一样，而且几乎没有重复，即使这个班里可能有上百人。如果你在现场的话，我相信你肯定也会被这个场面震撼到。

也许你会说这不就是油嘴滑舌吗？但是，我告诉你，这么做的效果是，无论是真心还是假意，每个人在现场都很开心，都笑得合不拢嘴。每一张照片，也都很出彩。

这就是对客户的认可，就是给客户打造的独一无二的荣耀时刻。课程结束了，客户可能什么都不记得了，但他会记得，在拍照的时候，他被看见了，这种感觉会一直留在他的心底。

方法四：打造连接时刻

连接就是打造人与人之间的关系。就是在那一刻，我们之间，突然觉得你懂我，我懂你，有一种我们就是同一种类型的人的感觉，彼此相见恨晚、惺惺相惜。或者在那一刻，我们这个团队突然之间找到了一种共同的愿景、目标和感觉。

在李海峰老师的线下课里，有各种各样的角色设定，比如，

"小天使"。

李海峰老师会在他给学员赠送的书上，写上每个学员的名字和一段专属的祝福的话，然后打乱，分发到每个人的手上。你拿到的是谁的，谁就是你的"小天使"。

接下来你要注意观察他在线下课程中的学习状态，并在最后一天在李海峰老师写这段话的旁边给你的"小天使"写上一段祝福的话，并且找到他，对他说出你觉得他跟全世界其他人不一样的地方，然后与他合影留念。

还有更极致的，每次在线下课结束的时候，李海峰老师都会特别组织所有的学员手臂扣着手臂，围成一个圈，一起唱歌。3遍之后，离开之前，他还会特别邀请所有的人彼此之间相互拥抱，并对对方说："感恩生命中遇见你！"

整个活动结束后，大家就真的有一种家人的感觉，而且都热泪盈眶。

这就是创造人与人之间的连接。

其实这些环节，无论是在线上还是线下，无论是对于销售虚拟产品还是实体产品，都是可以设计进去的。设计这些并不难，难的是愿意花心思。

➤ 第四个标准：可以让客户充满力量，并且马上行动

产品的本质是用户问题的解决方案，客户之所以购买一个产品，就是为了解决某个问题，完成某个任务。

但是，想要解决这个问题，完成这个任务，拿到客户想要的结果，就得让他行动起来。相反，如果他还是一动都不动，那即使这个产品再好，对于客户来说，也都没有任何意义，因为天上不会掉馅饼。

所以，一个好产品，就得能让客户充满力量，并且可以激发他马上付出行动。

尤其是知识付费类产品，很多时候，客户缺的不是认知，也不是方法和技巧，缺的是行动的能量和勇气。

因此，一个好的知识付费类产品，最好是能振奋人心的，是可以让客户充满力量，充满希望，充满干劲，而且马上就可以行动的。而不是让客户学完后，感觉难度很大，连开始的勇气都不再有。

为了让客户行动起来，你甚至还可以设置一定的激励机制，或者提供一种行动的督导服务。

因为只有这样，你才能拿到更多的客户好评，让客户对你形成口碑传播。

1张表格助力你打造出叫好又叫卖的产品

了解了好产品的 4 个标准之后，我们接着要思考的是，到底怎样才能打造出一个好产品，尤其是既叫好又叫卖的产品呢？

在知识付费领域深耕将近 9 年的时间里，我最大的感触就是，几乎所有的行业，其实都可以用知识付费的方式再做一次。

因为不管你是什么行业的，你所在领域的知识和经验，都可以成为你的流量入口，也即是，你可以通过知识分享的方式，吸引客户的关注，跟客户建立好信任关系，从而去卖你所有想卖的东西。

比如，如果你是修车的，你就可以把你修车和维护的技能总结成一套方法论，教给别人；如果你是厨师，你就可以把你炒菜的方法总结出来，教给别人；如果你是做培训的，你就可以把你是怎么设计课程、怎么教学的方法总结出来，教给别人；如果你是开店赚钱的，你就可以把你是怎么选品、怎么选址的方法总结出来，教给别人……

总而言之，就是把你的经验产品化，把你的技能产品化。这就是打造知识付费产品的秘诀。

而且，你不仅要说给别人听，还要做给别人看，因为示范的力量大于说服。然后让别人做做看，看他做得怎么样。

这就是帮别人从学到到做到的完整闭环。

也就是说，什么拯救了你，你就可以用它去拯救别人。而且往往是，你做了什么，你就说什么，你说了什么，就怎么做。这样你的产品、你的内容，就会更有力量，更能激励人心，也就更有说服力和影响力。

当然，除了要把你的经验产品化，把你的技能产品化之外，与此同样重要的，就是把你的产品营销化。

如果你没有把自己的产品进行营销化包装，那你就没有客户关注，自然也就不会有后续的给客户提供价值，帮客户解决问题的机会。

我经常看到一些好产品，但可惜的是他们并没有把产品的营销化做好，导致的结果自然是销量不佳。所以，很多个体创业者的问题，其实并不是不知道怎么创造价值，而是不知道怎么传递价值。

那到底怎么在把自己的经验产品化的同时，又能够将产品营销化呢？在此，给你一个超级实用的的万能表格——产品打磨表。

你希望帮客户解决的终极问题和获得的最终结果			
序号	问题	解决方案	利益点	产品包装
1				
2				
3				
…				
100				

➤ 确定目标：设计产品的初心

目标，并不是指你的目标，而是指你希望帮用户达成的目标，即你要帮客户解决的终极问题和获得的最终结果是什么。打磨一款好产品，一款爆款产品，首先要做的，就是要明确目标，而且以此作为你设计产品的初衷。

➤ 问题拆解：穷尽所有，你就是专家

问题拆解，即围绕你要帮客户解决的终极问题，拆解成小问题列出来，而且尽可能地穷尽所有。

这种穷尽，如果一定要有一个数，那就是100。因为关于某个领域，如果你能列出100个要帮客户解决的问题，并且给出对应的解决方案，意味着你在这个领域中就是专家，你就有资格去教别人了。

比如，你要教客户学会怎么打造爆款短视频，你就列出所有相关的问题：为什么要打造爆款短视频；打造爆款短视频怎么找对标；怎么写出爆款文案；怎么起爆款标题；怎么拍摄……穷尽所有。

➤ 给出解决方案：极致拆解，3步解决

给出解决方案，就是针对每个拆解出来的小问题给出解决方法。

给出的解决方法，要尽可能地做到每个问题用3个步骤或3个技巧解决。如果问题依然没办法解决，那就说明这个问题拆解的颗粒度还不够小，那就可以尝试把这个问题再次细化。

比如，怎么拍摄？这个问题就很大。因为拍摄，可能还包括怎么搭建拍摄场景，怎么选择拍摄的设备，怎么打灯，怎么调整拍摄的状态，怎么做好提问等一系列问题。所以3个步骤肯定没有办法解决。因此，就可以继续细化这个问题，进行结

构化的拆解，把颗粒度拆得更小。

当然，也不是说每个问题都要用3个步骤或3个技巧解决，而是，尽所能。

➤ 提炼利益点：数据化，也是营销化

提炼利益点，就是把客户解决这个问题后可以获得的利益点给提炼出来。

比如，客户通过学习你教的方法，知道怎么写出爆款文案了，那客户最后获得的利益点是什么？是做出100万播放量的视频？还是可以实现单条视频私域获客1000人以上？

这个利益点一定要足够有确定性，而且能够数据化的就数据化。这一步，其实也是产品的营销化。

➤ 整理和包装：讲客户想听的，给客户想要的

整理和包装，就是根据你要解决的问题、给出的解决方案、客户可以获得的利益点，进行大纲的整理和包装，讲客户想听的，给客户想要的。

比如，怎么起爆款标题？进行的大纲整理和包装，就可以是：3大爆款标题模板，让你的视频点击率提高50%。怎么写爆款文案，进行的大纲整理和包装，就可以是：3大爆款文案结构，帮你突破100万播放量。怎么打磨产品，进行的大纲整理和包装，就可以是：1张表格，帮你打磨出年入千万的高客单价产品……

但是，产品的包装，并不是要一味夸大，而是你所包装的，就是你可以做到的。否则，就是虚假宣传，也是过度承诺。

以上就是打造课程类产品的万能表，不管你是用来打造高客单价产品，还是低客单价的引流产品，都可以使用。甚至，你把各项列出来后，还可以把它当成你每次直播分享的主题，也可以用来作为拍摄短视频的选题。这就是"一鱼多吃"。

另外，还记得我们在本书开篇就提出来的问题吗？在自媒体时代，到底是什么决定了一个人的收益？我给的答案是内容力，也就是内容创作的能力。

看到这里，你有没有发现，产品的打造和策划，其实最重要的，还是内容力。

而"摆摊"、"吆喝"、交付呢？当然，也全都是要依靠内容。直播是内容，朋友圈也是内容；社群的运营是内容，公众号的写作也是内容；交付，当然也是内容。

内容可以帮你获客，可以帮你建立信任，可以帮你完成成交，甚至可以帮你完成团队搭建和招募。为什么还可以帮你完成团队的搭建和招募？在个人品牌的章节里我们会讲到。

这就是内容力决定了一个人的收益的原因。

因此，我们的销售变现公式"销售变现＝产品＋'摆摊'＋'吆喝'＋交付"，到这里，就可以做一个变形或者说是新的迭代了，那就是：

销售变现＝策划一款好卖的产品＋把这款产品卖好

一个个体创业创富者，一个IP，甚至是一个创始人，他的使命和任务，就是要做好两件事，一个是策划出一款好卖的产品，另一个就是把这款产品卖好。二者缺一不可。

从低客单价到高客单价的产品体系搭建

➤ 搭建产品体系，打造客户终身价值

为什么要搭建产品体系？

原因很简单，就是要打造客户的终身价值。作为卖家，我们每个人当然都希望客户的终身价值越大越好。

有数据统计，发展一个新客户的成本和难度，比维护一个老客户的成本和让老客户复购的难度要高得多，甚至高出3～10倍。

也就是说，同样是100万元的销售额，如果是都来自老客户，那就比都来自新客户，成本要低得多，利润也要高得多。

怎么才能提高客户的终身价值呢？

答案是搭建你的产品体系。因为，如果你没有产品体系，没有后端的产品，即使客户再怎么信任你，你也没办法满足他持续成长的需求，因此，他就没办法给你持续付费。

所以，搭建产品体系，其实就是搭建你的价格体系和你的复购体系。

▶ 从低客单价到高客单价的产品体系搭建方法

搭建产品体系，最简单的方法就是，你可以按照产品的价格高低来进行搭建。

按照价格高低，一般来说可以分为：

千元以下的低客单价引流品、万元左右的高客单价产品、万元以上的私教产品、十万元以上的操盘产品。

比如，我的产品体系就是：

低客单价引流品：我的书以及定价9.9元或者是免费的公开课训练营。

高客单价产品：定价9800元的线下课（创业创富线下课、私聊谈单线下课、直播成交线下课）。

私教产品：5万元的创业创富年度私塾。

操盘产品：15万元的畅销书（独著）全案操盘。

但其实，任何人都可以按照产品的形态来搭建自己的产品体系，就是既有教别人做的产品，又有可以陪别人做和替别人做的产品。我的产品体系的设计虽然有价格高低之分，但底层思路也是按照产品的形态逻辑来设计的。

引流品就是给客户"验货"的产品。当然，大多也是教别人做的产品。现如今，其实很多线下课都变成了引流品，尤其是在帮别人连麦发售的时候。

假如李海峰老师做出版项目的发售，而你被邀请作为发售的连麦嘉宾，那你肯定是要带着礼物去的，并且为了表达诚意，你的礼物就得是正在市面上销售的正价产品。这个正价产品，很多人的选择往往就是线下课。

你跟李海峰老师连麦期间，如果客户下单购买了李海峰老师的产品，那你就会给客户送出你的线下课。你所赠送课程的这些客户，就相当于免费来参加了你的线下课。因此，你的线下课，某种程度上就成了引流品。是否会有很好的后端转化，就要看你线下的销讲能力了。

这也就是为什么我一而再再而三地强调，交付场就是成交场，想要做好成交转化，你就要用心设计。

另外，引流品里有一种产品类型，是我特别想介绍的，就是社区型的产品。比如你可以做一个定价为365元的年度知识星球产品。这个社区型的产品一般都是轻运营的，你只要按照

03 落地公式
1 个公式让你从知道到赚到

招募时的约定，一年足额交付多少内容即可。

这个产品的好处是不仅可以用来帮你引流和筛选高客单价客户，更重要的是，它还可以倒逼你的输出。而且，你输出的这些内容，还可以"一鱼多吃"。

比如，你一年承诺别人交付 365 条干货内容，未来你在拍短视频、写朋友圈、运营社群、开发新课程、写新书的时候，都可以用到这些内容。这就可以帮你提高你创作的效率。

当然，如果你说，我自己不想做这么多产品可不可以？答案是，当然可以。这种模式，就是 DISC+ 社群早期的模式。

李海峰老师只卖一门课程，就是 DISC 的线下认证课。但他的学员都是有付费能力、学习意愿及学习需求的。所以，李海峰老师就以包班的形式，把市面上各领域内最好的老师邀请过来给 DISC+ 社群的学员授课，每个人的收费也远低于这些老师授课的市场价。而这些老师也可以获得很好的回报，甚至还可以有后端的收费。

这其实就是把自己变成了一条渠道，某种程度上也能提升客户的终身价值。但最终，还是要考验你个人品牌积累的程度和选品的能力。

本章总结

　　以上是第三章的内容，我们做一个简单的总结：

　　一、想要打造一款好卖的产品，就要了解什么是好产品。

　　二、好产品有 4 个维度：解决客户的问题、降低客户使用产品的难度、让客户有峰值体验、让客户充满力量并且马上行动。

　　三、打造产品，不仅要把自己的技能和经验产品化，还要把产品营销化。

　　四、搭建产品体系，就是搭建你的价格体系和你的复购体系。

个人品牌 04

从个人品牌定位
到个人品牌的打造

重新定义个人品牌

个体创业创富，产品、流量、销售是不可或缺的3大要素。产品变现也有2大方向6条路径。但我们到底要卖什么产品来实现变现呢？每个人可能都不一样，因为每个人的个人品牌定位可能不一样。

➤ 什么叫作个人品牌

在自媒体时代，每个人都需要打造自己的个人品牌，因为如果你想要别人为你付费，你就要告诉别人你是谁，并且让别人记住你可以帮他解决什么问题。

但是，问题是我们天天谈个人品牌，到底什么叫作个人品牌呢？

也许有人告诉你，个人品牌就是个人标签。比如说儿科医生、保险经纪人、领导力讲师。但个人品牌，其实远不止是个人标签。

很现实的问题就是，你是儿科医生，其他人也是儿科医生，那为什么客户不找你，而是距离再远也要慕名去找别人呢？同样的道理，你是保险经纪人，为什么连你身边的亲戚朋友可能都不找你购买，而是宁愿花多一点钱，也要给别人付费呢？

所以，个人品牌，绝不仅仅是个人标签。那到底什么是个人品牌呢？

个人品牌，就是你留给他人的整体印象。这个整体印象包含3大部分：一是核心价值；二是外在特征；三是个人特质。

首先，核心价值指的是你是干什么的，你有什么核心技能，有什么核心能力，你可以帮别人解决什么问题，拿到什么结果。

其次，外在特征指的是你区别于他人的外在形象，是否有什么明显的记忆点，可以让别人第一次见你就能记住你。

比如黄色的头发、长长的胡子、又大又圆的眼睛、又胖又圆的肚子、特征非常明显的衣着等，这都是一个人的外在特征。

同时，你有没有发现，有些人在外在形象方面可能并没有什么特别区别于他人的记忆点。所以，他为了让别人能更好地记住自己，会主动地去创造和关联一些让你一看到就能瞬间记住他的东西。

比如，某女博主，她在直播或拍短视频的时候，总是在自己的头上戴一枚奇形怪状的发饰；某男博主，手里总是拿着一个形似夜壶的水壶来喝水；有的博主，手里总拿着一把诸葛亮的白羽扇。

这样做的目的，其实是给客户打造一把"视觉锤"，希望客户看到这个东西就能想起他。

最后，个人特质指的是一个人的性格特点、说话风格、胸怀格局、个人口碑等。

比如，你是一个严肃谨慎的人，还是一个活泼随意的人；你是一个幽默风趣的人，还是一个言辞犀利毒辣的人；你是一个长期主义者，还是一个总是在变换赛道的人……

这就是个人品牌，你留给他人的总体印象，决定了他人是否会信赖你，是否会给你付费。

接下来，我们拆解几个案例。

比如，当你想到埃隆·马斯克的时候，你会想到什么？你可能会想到特斯拉，可能会想到火星，想到火箭发射，想到推特，甚至想到脑机接口，等等。

但今天，我们按照个人品牌的3个维度来拆解：

（1）他的核心价值：他是一个创新与变革的企业家，创建了特斯拉和太空探索技术公司，后来还收购了推特公司，并且将其更名为X。

（2）他的外在特征：目光深邃，喜欢留胡须和穿皮夹克，

04 个人品牌
从个人品牌定位到个人品牌的打造

还有很多孩子，目前已知的就有 12 个。

（3）他的个人特质：工作狂，一天可以工作 16 个小时，拥有超强的学习力，喜欢冒险，敢于讲真话，敢于挑战权威，贡献和争议同在。

这就是埃隆·马斯克留给我们的整体印象。

同样地，我们也会用这 3 个维度去评价我们身边的人。

比如，李海峰老师。

他的核心价值：不用你花钱，帮你打磨一款高客单价的产品，还帮你卖，而且还帮你出一本畅销书，帮你搭建 IP 联盟，提升 IP 势能，让你名利双收。

他的外在特征：戴着黑框眼镜，又圆又大的脸庞，看起来就特别的慈眉善目，穿着很随意，但是讲课时一天可以换 7 件衣服。

他的个人特质：特别大方，一年可以发上百万元的红包，极致利他，有大格局，主张"没有对手，只有队友"。

这就是李海峰老师留给我们的整体印象。

从个人品牌的这 3 个维度里，其实你也可以找到打造个人品牌的路径。

但很多人容易陷入一个误区，觉得个人品牌是打造出来的，其实不是，个人品牌是活出来的。如果是特意打造出来的，尤其是把自己打造成一个完美的人设时，终有一天你的人设会面临崩塌。

> **什么是个人品牌的定位**

定义完个人品牌，接着我们聊一聊个人品牌的定位。

个人品牌的定位，指你得对自己有一个清晰、明确的认知，你得知道自己可以帮助哪些人，解决什么问题。与此同时，你得让他人对你也有同样清晰、明确的认知。也就是说，光是你自己知道自己是干什么的还不够，你还得让别人知道你是干什么的。否则，别人需要你的支持的时候，可能就不会找你。

比如：

明明你是干保险的，但别人却误以为你是干培训的，那当他想买保险的时候，他可能就想不到你；

明明你是干培训的，但别人却误以为你是摄影师，那当他想要学习某课程的时候，他可能就想不到你；

明明你是做写作辅导的，但别人却误以为你是做社群运营的，那当他想要写书的时候，他可能还是想不到你；

……

这就是认知错位。

➤ 一句话自我介绍法，让别人第一次见你就记住你

怎么才能让别人知道你是干什么的呢？还记得我们销售变现公式中的"摆摊"吗？没错，就是"摆摊"。

在朋友圈里"摆摊"，在短视频上"摆摊"，在直播间里"摆摊"，在公众号文章里"摆摊"，在线下聚会的时候"摆摊"，在所有你能跟客户接触的渠道里"摆摊"。

"摆摊"告诉别人，你是干什么的。

所以，把自己介绍清楚，就显得尤为重要。但比较扎心的是，很多人，你就是给他半个小时的时间，他可能都讲不清楚自己到底是干什么的。不过，更扎心的是，在当下这个耐心、注意力稀缺的时代，客户根本不会给你这么多的时间来进行自我介绍。

那到底怎样才能做好自我介绍呢？尤其是，如果只用一句话，还要让别人第一次见面时就记住你，要注意以下两个非常关键的要点。

核心价值点

一句话介绍自己，一定要包含你的核心价值点。你一定要告诉别人，你可以帮他解决什么问题，拿到什么结果。

同时，要切记，尽可能地用数据来呈现出你在拥有核心价

值点的这个领域的成就，用数字来服人。

比如，5000多例心理来访者的治愈经验，11个月10个团队成员7000万元的发售业绩，全网粉丝1000万……这些就是数据化成就。

话题点

用来介绍自己的一句话里，除了核心价值点，还要有话题点。因为有话题点，才能引发他人的好奇心，帮你打开与他人互动交流的大门。

比如，4年生了3个娃，7天时间找到老公，15天写了一本书，游历过4个大洲，坚持跑步7年，等等。

这些都是话题点，目的是让别人想要跟你多聊几句，让别人第一次跟你见面时就能对你有深刻的印象。

比如李海峰老师的自我介绍：

> 我是李海峰，出版了40多本畅销书。可以不用你花钱，帮你打磨一款爆款产品，帮你卖，而且还帮你出一本畅销书，帮你搭建联盟，提升IP势能，让你名利双收。另外，比较幸运的是，我还有一对龙凤胎。

04 个人品牌
从个人品牌定位到个人品牌的打造

我的自我介绍：

我是劳家进，个人品牌商业顾问及畅销书全案操盘手，用15天写了自己的新书《创业创富》。如果你想实现IP的势能提升和爆炸式增长及变现，可以随时私信我。另外，说点题外话，我跟我媳妇聪聪是在线下课学习的时候认识的。因此，学习不仅给我带来了财富，还给我带来了幸福。感恩遇见，期待未来能为你做点什么。

这就是核心价值点和话题点都有的自我介绍。在"摆摊"的时候，让别人听完之后，就知道你可以帮别人解决什么问题，同时也引发了别人的好奇，让别人想跟你聊聊天。

自我介绍的内容，你一定要非常熟练，千万不要在讲的时候卡壳，否则别人就会怀疑，你说的到底是不是真的。

同时，这个文字版本的自我介绍，在添加别人微信好友的时候，你也可以给别人直接发送，这样还有助于你们的私聊"破冰"。

另外，平时你有没有遇到过长篇大论的自我介绍，你一加对方好友，他就给你发过来一大段文字。说实话，这种自我介绍我大多数情况下是不会看的，因为太长了。

所以自我介绍千万不要太长，像上面我和李海峰老师那样的一小段话就可以。再长，也不要超过手机的屏幕，因为别人根本没有耐心看完。

最后，再提醒一个要点：列举你的成就数据的时候，列举跟你的核心价值相关的即可，其他无关的一概不要列出来。可以留着，等客户慢慢发现，或者慢慢跟客户讲，这样以后也会让别人对认识你有更多的意外之喜。

"摆摊"只摆一次是不够的，也就是说，自我介绍一次是不够的。你要怎么做呢？不厌其烦地重复，重复告诉别人你是干什么的，可以帮别人解决什么问题。只有这样，别人才会记住你。

因为客户的特性是遗忘，营销的本质是重复。打造个人品牌毋庸置疑，当然也要重复。让别人记住你是很难的，所以一旦你的个人品牌定位明确了，你就要刻意地去重复，而且不要轻易改变。

因为如果你变了，别人对你的认知就改变了。

做个人品牌定位是为了成为第一

➤ 为什么要做个人品牌定位

第一，定位，是因为你没有办法服务所有人。

因为你不可能与所有人做生意，尤其是作为个体来说。你只能选择服务好一部分人。所以，你要做的，就是支持和成就一小部分人。

一旦你跟我说，所有人都是你的客户，谁都需要你的产品，那我可以坚定地告诉你，你这个业务基本上做不起来。因为你的客户不够垂直，不够聚焦。

只有垂直，只有聚焦，你才知道去哪里找你的客户，你才知道应该在哪里发力。

第二，定位，是为了成为第一。或者说，在某个领域、某个范围内成为客户的第一选择。

定位是为了在某个范围、某个人群，或某个细分类目里成为第一。如果你还不是第一，说明你所处的类目还不够细分。

成不了全国第一，可以做全省第一，成不了全省第一，可以做全市第一，成不了全市第一，可以做你所在的区、所在街道的第一。

▶ 为什么要成为第一

只有成为第一，你才会被记住

提到电动汽车，你会想到谁呢？毋庸置疑，特斯拉，因为它是第一个做电动汽车的品牌。第二、第三是谁呢？这时候，你可能就没有办法做到脱口而出，因为你记不住。

提到短视频平台，你会想到谁呢？是的，没错，抖音。因为目前来看，它既是第一个做的，也是市场占有率最大的。

提到凉茶，你会想到谁呢？王老吉。没错，因为它也是第一个做凉茶的饮料品牌。

可见，谁是第一，你就记住了谁。

如果问你阿里巴巴的高管是谁，你又会想起谁呢？联想、京东、华为的呢？

估计你脑海里蹦出来的，只有马云、柳传志、刘强东、任正非。要是问你，这些公司的二把手是谁，估计你的脑袋里就要打问号了。因为，大多数人只知道第一，也只记得第一。

成为第一，成为客户的第一选择，其实就是占领客户的心智。占领了客户的心智，客户就会在需要时的第一时间想起你，为你付费。

比如，你要洗衣服，首先会想到什么？洗衣粉还是洗衣液？假定你想到的是洗衣粉，接下来，可能你就会想到具体要买什么品牌的，汰渍、立白，或者是雕牌……

所以，你有没有发现，客户在为他的问题寻找解决方案的时候，他首先会选择的是品类；选择完品类，他就会选择品牌。当你的品牌占领了客户的心智时，他就会为你付费。

就像刚刚洗衣服这个例子，客户要么想到的是洗衣粉，要么想到的是洗衣液。当然，现在还可以选择洗衣凝珠。确定了品类之后，客户就会在他的大脑里搜索相对应的品牌，也就是我们刚提到的汰渍、立白、雕牌等。

因此，如果占领客户心智的是汰渍，客户就会为汰渍付费。如果占领客户心智的是立白，客户就会为立白付费。

再举一个例子，比如，你口渴了。

你要解决口渴的问题，首先会在大脑里搜索饮品的品类，就是你到底是要喝矿泉水，还是要喝碳酸饮料，又或者是喝凉茶。

确定了品类之后，你就会进入对品牌的选择。同样地，你会在大脑里做选择。矿泉水，那就喝娃哈哈矿泉水。碳酸饮料，那就喝可口可乐。凉茶,那就喝王老吉。

所以,客户在购买产品的时候,其实并不是在卖场里决定的,而是在脑海里就完成了。换言之,谁抢占了客户的心智,谁成为客户的第一选择,谁就抢占了市场。

因此,商业的竞争,其实并不是市场份额的竞争,而是客户心智的竞争。这就是心智份额等于市场份额。你占领的客户心智份额越大,你的市场份额就越大。

通过上面的例子,相信你也会发现,你的竞争对手并不只是你的同行而已。而是,但凡跟你解决的是同一个客户的问题的,都是你的竞争对手。

也就是说,娃哈哈矿泉水的竞争对手,不仅是农夫山泉,也不仅是怡宝,还有碳酸饮料、凉茶等。因为它们都可以帮客户解决同一个问题:口渴。

当然,康师傅方便面的竞争对手,也绝对不仅仅是统一方便面和白象方便面。但凡和它们一样能快速便捷地解决客户的用餐问题的,都是它的竞争对手。比如,八宝粥、面包、肯德基、麦当劳等,甚至是外卖。

所以,创业创富,千万不要只盯着你的同行,因为你没注意到的竞争对手,可能抢占了你的市场份额时,都不会跟你打声招呼。

因此,格局一定要打开,跟同行,除了是对手关系,还是队友关系。只有共同努力把蛋糕做大，把品类做大，你的品牌才会有更大的市场份额。

只有成为第一，你才会活下来

当我们提到送礼物的时候，你会想到什么呢？脑白金吗？提到找工作的时候呢？BOSS 直聘吗？提到累了困了的时候呢？红牛吗？

为什么你会想到这些呢？因为它们占领了你的心智，在你的脑海里，你给它们彼此画上了等号，就是：

送礼 = 脑白金，找工作 = BOSS 直聘，累了困了 = 喝红牛。

同理，一旦在某个领域、某个品类，你占领了客户的心智，当客户想要解决相对应的问题时，他就会想到你。被想到，就会被付费，没有被想到，就不会被付费。而结局是，只有被付费，才会活下来。

所以，成为客户的第一选择，其实并不是为了争强好胜，而是为了生存。想要生存下来，你就得问自己，你等于什么？你的公司等于什么？当客户想到你和你的公司的时候，客户会想到什么，会把你跟什么画上等号？

如果你能被客户与自己的某个需求画上等号，那你就能活下来，并且大获全胜。但是如果你没有，那结果只有一个，就是面临失败。

只有成为第一，你才会得到资源的青睐

这里的资源，我想特别强调的是，人才资源。

通过招聘市场，你能招到优秀的人才吗？如果你的公司小，很难，尤其你还是个体创业者的话，因为优秀的人才看不上你。而为了吸引人才，你可能还要付出更高的薪资。

但是如果你在某个领域打造了自己的个人品牌，成为客户的第一选择，那人才就会自发地向你靠近，甚至还会免费为你工作。尤其是在市面上那些还不流通的人才。

李海峰老师的 DISC+ 社群就是这样的。他没有员工，没有代理，没有分销。但是所有的学员，都愿意来为他工作，不管是帮忙招生，还是组织线上线下的活动。

别人是干活拿工资，但是给李海峰老师干活，都是带着钱来，而且干得比拿工资的人还要好。

为什么不拿工资的人干得反而比拿工资的人还好？

因为如果对方是你花钱请来的，那基本上就是你付对方多少钱，对方就干多少活，属于等价交换。但是给李海峰老师干活的人，都是给他付了上万元学费的学员，能自掏腰包花这么多钱来学习的，都是社会中的佼佼者。如果是在公司里，他们也大多都是公司的中高管。

这些人，花钱都不一定能请到。但是免费来干活呢，他们就会全力以赴地贡献自己的力量，因为他们是发自内心地想要

为社群做奉献的。

所以，当你有自己的个人品牌，成为某个领域内的佼佼者，甚至是客户的第一选择的时候，人才才会为你所用，资源也才会向你倾斜。

➤ 怎样才能成为第一

最先进入

谁最先进入某条赛道，谁最先做某个业务，往往就可能成为第一。即使有后来者模仿，对你来说，也是在帮你做广告。

比如樊登老师是第一个做读书会的，后来者，但凡谁做，都是在给他做广告，都是在帮他做宣传。

同理，如果你是做社群运营的第一人，做发售的第一人，做理财的第一人……不管后来是谁进入这条赛道，都是在帮你做宣传。

但是最先进入的人往往是最难的，因为在开始的时候，你最先要做的是市场的教育和普及。

就像如果你是发售第一人，你就会面临大量的市场扫盲问题，你得给市场普及，什么是发售，发售到底是怎么来的，有什么样的发展历程，为什么客户要做发售，做发售有什么好处，等等。这些都需要你花费大量的时间和成本来做。

而且，可怕的还不是你付出了时间和成本，而是你刚刚做完市场的教育，刚开始有收获的时候，大机构和大资本就进场了。你辛辛苦苦种的树，结果被别人乘了凉。

因此，在这里非常关键的是，你是否能够在完成市场教育的同时，完成市场布局，以及构建起你的护城河。

对于普通人来说，其实也没多少机会能最先进入，因为第一个进入的人，不仅需要有洞察力，还需要有实力。所以，想通过最先进入成为第一人，距离普通人稍微有点远。

创造品类

虽然你可能不是最先进入的，但是你可以另辟蹊径，通过创造一个新的品类来成为第一。

比如，你不是最先做洗衣粉的，那你可以做洗衣液，或者做洗衣凝珠，这就是创造品类。

在知识付费领域，也可以用这样的方法。

比如，升学规划领域，市场上已经有大量的升学规划师，而且还出现了"头部"。如果你再进入的话，就是一片红海，你很难跟客户说清楚，他为什么要选你而不是选别人。但你可以创造一个品类，进入一条细分的赛道，比如只做艺术名校的升学规划。

04 个人品牌
从个人品牌定位到个人品牌的打造

同理，现在做个人品牌打造的也很多，这个领域也已经存在很多大咖。但我也想做，怎么办？创造一个品类，打通一条细分赛道，通过帮大家出书，来实现个人品牌的高势能变现。也就是以终为始，帮客户打磨出未来想要变现的高客单价产品，并以此为基础，在帮客户实现变现的同时，也帮客户完成产品的交付。

这就是创造品类。创造品类，就是避其锋芒，你打你的，我打我的。

群体细分

成为第一，除了最先进入、创造品类，还有第三种方式，就是群体细分。

最先进入的，有机会服务所有人。但当市场上已经出现头部品牌时，我们就要果断锁住细分赛道，可以先选择一部分人群或者是别人不愿意服务的人群来服务。站稳脚跟后，再图谋更大的发展和超越。

京东、拼多多就是这样做的。

淘宝是第一个进入电商赛道的，所以做的是全品类。你想买什么，在淘宝上基本都能找到。

京东属于后来者，如果一开始就做全品类，那就要回答客户一个问题：我为什么要选你？你和别人有什么不同？你的独

· 151 ·

特性、差异性及优势在哪里？

而且，如果一开始就是做全品类，公司的资源就会很分散，还需要很庞大的团队，成本也会很高。很有可能还没等做起来，现金流就断了，公司就已经破产了。

所以京东并没有这么做，而是创造了一个新品类，选择先做 3C，也就是从家电切入。家电是标品，售后也比较简单，可以 SOP 化。

如果你选择细分品类，越细分，客户越会觉得你在这方面很专业；越细分，你就越容易成为专家。所以即使到现在，如果客户要买数码家电，往往还是会先选择京东。因为客户还是会觉得京东在这方面更靠谱。

拼多多走了另一条路——群体细分，下沉到三四线城市，先服务三四线城市的客户，采用"农村包围城市"的战略，主打的就是"便宜"。然后做着做着，站稳了脚跟后，它才开始做全品类，做大品牌，服务所有人群。

这就是怎么才能成为第一。

如果你是做知识付费的呢？同样可以采取这个策略。

比如，做发售，你不是最先进入的，但你可以创造品类，或是进行群体细分。

创造品类方面，市面上，就有人只做直播间发售，也有人只做社群发售。

群体细分方面，你不用做所有的发售操盘，而是选择一个人群，比如高客单价 IP 发售。又或者是只做某个行业的发售，比如大健康 IP 发售。

你越细分，就越专业，而且成本也更低，还可以标准化、可复制。当你的工作内容可复制的时候，就可以进行放量增长。

同理，如果你是做 IP 打造的，假如你不是第一个进入 IP 打造这个赛道的，你也可以做细分，要么创造品类，要么做群体细分。

创造品类，你可以专门做某个平台的 IP 打造，比如抖音 IP 打造、小红书 IP 打造，或者是视频号的 IP 打造。又或者是别人做公域 IP 打造，你就只做私域 IP 打造。

群体细分，别人做的是所有人群的 IP 打造，你可以只做某个行业的 IP 打造，比如我有位朋友只做美容行业的 IP 打造。

甚至如社群运营这么小的赛道，也依然是可以细分的。比如，只做某一个行业的社群运营，市面上就有老师专门只做身心灵行业的社群运营。

个体创业创富，打造自己的个人品牌，千万不要图大。小就是大，越聚焦，你就越专业；越专业，你就可以做得越大。

怎样才能做好个人品牌的定位

➤ 个人品牌定位的3个阶段

个人品牌的定位,其实就是把你要做的事定下来。你未来的三五年,甚至你这一辈子,你要做什么,你想要服务什么人群,你要帮别人解决什么问题。

如果你没有给自己定位,没有向他人刻意展示和强调你的定位,那别人可能就会随意"定义"你。也就是说,你不定义你自己,别人就会定义你。

因为在人跟人打交道的过程中,你总会给他人留下印象,而这个印象就是别人对你的定位。如果别人对你足够了解,或者是碰巧对你的定位是正确的还好,怕就怕"错位"。

就像我们的一个DISC+社群中的同学,她是做保险的,我们但凡做活动她都会来帮忙。但她从来没跟我们讲过她是做保险的,我甚至一度以为她就是全职宝妈。

04 个人品牌
从个人品牌定位到个人品牌的打造

直到有一天,我跟她在地铁上聊天的时候说起来,我最近跟一个朋友买了全家人的保险。她才跟我说:"我也是做保险的,我以为你知道。"然后我们两个人捶胸顿足,扼腕叹息。

就是因为她没跟我说,我买保险的时候,根本不会想到她。如果她跟我说了,而她又是不管我们做什么活动,都随时支持我们的,那我大概率就会跟她买。

因为我们的处事原则是,谁对我们好,我们就会加倍对对方好。这对于对方来说也是一种爱的回流。写到这里,我又不禁一声叹息。

所以,如果你已经明确了自己的定位,千万不要不好意思告诉别人,或者是担心别人知道后会觉得你居心不良,就是想要来卖东西的。

相反,你一定要到处宣传,到处告诉别人,你是做什么的,你可以帮别人解决什么问题。然后展示你解决这个问题的专业性和你为人处世的态度。

这样别人有需要的时候,才会找到你,否则,会跟我和那个同学一样,没有成交,只有遗憾。

另外,在知识付费的圈子里,我总是会看到有些人到处学习,不是在这个线下课上,就是在那个沙龙上,又或者是在别人的高客单价的私董会里,但是,我却从来没有看到他们变现。

后来在做线下活动的时候，我忍不住问他们，用一种近乎哀求的声音说：你们有什么产品呀？赶紧告诉我。我的消费习惯就是，能跟自己社群里的同学买的就跟社群里的同学买，肥水不流外人田。

然后我很认真地说：不信，你看，我的保险就是在社群的同学那里买的；我的西装是跟社群的同学定做的；我的牙，是在社群的同学的诊所里种的；我的房子也是在社群的同学那里买的；我的爱人都是在社群里找的……你们赶紧告诉我，你们有什么产品，具体可以帮我解决什么问题？

但是他们的回答令我很震惊，甚至让我一度怀疑，我是不是听错了。他们居然说他们没有产品。后来再深度地聊了一番，我才知道，原来他们连定位都没有，或者说，还不知道怎么给自己定位。

如果一个人连定位都没有，就不会有什么行动。或者说，即使有行动，大多也是无效行动。包括线下社交也是，没有明确的定位，没有产品，大多数的社交就是无效社交。

如果你有了自己的定位，有了自己的产品，你做任何事情就会有非常明确的方向，也知道怎么更好地做出选择。比如，这个课程是否要参加？这个私董会是否要付费？

你只需要围绕自己的定位和产品去想：对方的付费学员里是否有我的潜在客户？这个课程内容对我的产品优化和迭代是

否有帮助？你就会得出自己的结论。如果有，就可以考虑参加。如果没有，那你就不用去参加，因为参加不仅浪费金钱，也浪费时间和精力。

定位明确了，不仅可以帮你赚钱，还可以帮你省钱，某种程度上，这也是一种断舍离，节省你的时间和精力。而时间和精力，就是生产力。

既然定位如此之重要，那到底怎样才能做好定位呢？

其实每个人定位的方法是不一样的，因为大家所处的阶段可能不一样。我把定位分为 3 个阶段。

第一个阶段：快速变现

快速变现，是指你干什么可以快速赚钱那就干什么。尤其是在刚开始打造个人品牌的阶段。

我是 2016 年 10 月加入李海峰老师的 DISC+ 社群进行学习的。那时，我刚开始付费学习，对怎么做定位也是一窍不通。

当时李海峰老师在课上要求我们所有人，在毕业后的一个月内赚回学费，还"恐吓"和"威胁"我们说："如果赚不回学费，我就把你们的证书收回来。"

说实话，我当年还是太年轻了，竟信以为真。所以我就很苦恼，到底怎么样才能赚回学费呢？

我当时还在一家外企做项目管理的工作。我的朋友圈里，除了家人，大多是同事和从小学到大学的同学，所以，根本没什么私域。怎么办？

正当我百思不得其解的时候，我看到一些 DISC+ 社群的同学在课程结束后就在群里问：DISC 报告解读有没有什么实战班？然后我就敏锐地觉察到，虽然大家都学了 DISC 课程，但可能有一个潜在的需求，那就是想要强化 DISC 报告解读的专业度。

但当时我的专业度也不强，怎么办？就在这时，DISC 软件公司的郭强老师在广州开了一个解读 DISC 报告的班，然后我就毫不犹豫地报名了，学完回来后，我就开始做转化。

这是我第一个要变现的产品，但当时我也不知道怎么打磨课程大纲、做海报，现在回头看，当时做的东西真的是不堪入目。而且那时的我也不知道怎么定价，更不好意思收款。

但是不管三七二十一，先干再说。所以，我就拉了一个人——聪聪，没错，就是后来成为我爱人的聪聪，我们一起配合，她负责帮我收钱，帮我卖。

聪聪也是第一次接触知识付费领域，我们就是这样"初生牛犊不怕虎"地定了个价，199 元，然后发朋友圈，在私域里卖。就这样，不知不觉地卖了 50 多份，赚了 1 万多元钱。我们真的是开心坏了，学费也就这样赚回来了。

那时候我跟聪聪说，我们对半分，不过她死活都不要，所以就全部进了我的口袋。我估计她是"放长线钓大鱼",知道以后我的也会是她的。当然,这是后话了。

做知识付费,我就是这么糊里糊涂开始的。刚开始,我并没有什么计划性,也根本不懂定位。只要客户有需求,愿意给钱,就先做起来再说。

如果你也是处在这个阶段,你也可以和我当初一样,看客户需要什么,你就做什么,先进行变现。千万不要卡在定位上苦思冥想,踟蹰不前。另外,定位并非一蹴而就,而是之后做着做着"长"出来的、迭代出来的。

第二个阶段:高价值定位

高价值定位,是指你干什么可以让你的单位时间投入产出比更高,你就干什么。

这个阶段,我们已经有了一定的个人品牌实战经验了,那么接下来我们就要思考,怎么在单位时间内产出更高。说白了,就是怎么赚到更多的钱,也就是我们需要找到我们的高价值定位。

做好高价值定位可以从以下3个角度来切入。

第一,人群定位法,服务更有付费能力的人群。

同样是教精力管理,有专门针对宝妈的,也有专门针对职场小白、高管及创始人的。

高管和创始人的付费能力更强，所以创始人精力管理教练就是高价值定位。我们有一个 DISC+ 社群的同学王洋星老师的定位就是创始人精力管理教练，而且是国内课程定价最高的精力管理教练。

还有，同样是健康管理，有定位为为所有人服务的，也有专门定位为为企业家服务的。

企业家的付费能力和付费意愿更强，且更关注健康问题。因此，他们更愿意花钱"买命"，但是普通人不一定愿意，因为普通人还在"卖命"赚钱，所以普通人的付费能力和付费意愿就不高。

因此，企业家健康管理，就是一个高价值定位。

第二，角色定位法，转变角色，重新策划更高客单价的产品。

转变角色，这跟我们在前文讲的卖化肥的案例是一样的，你可以把自己的定位，从销售的角色，转变成专家的角色，成为客户可以依赖的顾问。

尤其是创始人 IP，假设你是专家，客户也会更容易信任你，更愿意跟你合作，给你付更高的客单价，而不是总是跟你讨价还价，忠诚度也会更高。

李海峰老师投资的一个企业 CEO，他之前一直在幕后工作，后来因为业务需要，他决定走到台前，对自己的定位重新做了梳理，从公司的 CEO 转变成私域"卷王"，并且策划了私域 IP 打造的私董会产品，还送 3 天 2 夜的线下课，结果第一次发售就卖爆了。

这就是定位调整后，营收获得了百倍增长。

第三，产品定位法，用同样的技能做客户愿意付更高客单价的产品。

你有没有发现，有些人跟你掌握的是同一个技能，甚至明明他的能力还不如你，却赚得比你多，为什么？因为你们在用同一个技能，却在做不一样的产品。

比如，你会做设计，你用设计的技能给别人做课程海报，对于课程海报客户愿意付多少钱？一般来说，最多一张也就是 500 元，这已经算是市场上非常高的价格了。而很多还在起步阶段的个人 IP 创业者，可能还不舍得为此花钱，宁愿自己设计。

但是，如果你用设计的技能去做 PPT 的定制，你就能定价更高。又或者是，你用设计的技能去设计 LOGO，客户也会更愿意给你付更高的价格。

因为客户心里对 PPT 定制和 LOGO 的设计有更高的价值感知，他们觉得能做这些的设计师都是很有水平的设计师。因此，他们也愿意付更高的客单价。

这就是产品定位法，用同样的技能做客户愿意付更高客单价的产品。

第三个阶段：找到你的人生使命

第三个阶段，也是终极阶段，就是找到你的人生使命。

定位，往小了说，是你可以提供什么产品，解决什么问题；往大了说，是你的人生使命。每个人来到这个世界上，都是有使命的，使命可大可小，但都是要贡献自己的价值，帮助和支持他人达成愿望，实现梦想。

所以，如果你没有找到自己的人生使命，那你就没有办法感受到生命的意义所在，做任何事情也没有办法聚焦，更没有办法激发出生命内在强大的能量和发自内心的热情。

但是如果你找到了自己的人生使命，那你每天都会是非常高能量的状态。不管做什么事情，你好像每天都有用不完的力量。即使是遇到了困难和挑战，你也会迎难而上，因为你是在做你热爱的事情，你的生命是在炙热地燃烧着的。

是不是只有少数人才能找到自己的人生使命呢？比如，就像马斯克，想要帮助人类移民到火星。

不是的，其实我们每个人都可以找到自己的人生使命，只要你愿意利他，愿意成为一个支持者，愿意给这个世界加分，愿意让这个世界变得更美好，你就可以找到。

怎么找呢？我的方法很简单，就是你看什么是人们一直需要，且不变的，你就全力以赴地去满足人们的这个需求。这样，你的人生使命就是可持续的。而且你只要坚持下去，一门深入，单点击穿，时间就会成为你的朋友，时间也会是你最坚固的护城河。

这就是定位的第三个阶段。

你可以看看你现在处于哪个阶段。不要因为自己处在第一个阶段而焦虑，也不要因为自己处在第三个阶段而沾沾自喜。因为每个人都有自己的节奏，每个人都在自己的时区里，一切都刚刚好。

只要你在利他的路上，在成就他人的路上，你就会得到属于自己的鲜花和掌声。

➤ 做好个人品牌定位的 3 种方法

接下来，我会跟你分享 3 种可落地、可复制的定位方法，不管你在哪个阶段，这些方法对你都会有所帮助和启发。

黄金定位法

这个定位法，由 3 个圈组成。

兴趣圈　　优势圈

变现圈

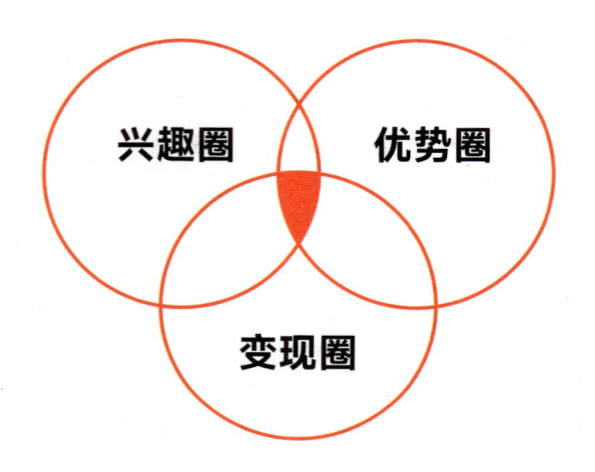

第一，兴趣圈，是你喜欢的。第二，优势圈，是你擅长的。第三，变现圈，是可变现的，有市场需求的。

兴趣圈

打造个人品牌，你一定要找到自己的兴趣所在。因为只有你对某事感兴趣，你做起来时整个人才会是发光的，也才是通透的。否则，你就会总感觉不自在，时不时会被卡住。对此我有非常深刻的切身体会。

我不是专业的摄影师，但是因为我们经常要举办活动，所以有时候人手不足，我既要当讲师，又要做会务，还要负责拍照。

我拍的照片，自然没有专业摄影师拍得好，但因为拍得多了，所以也总能拍到学员在课堂上笑容满面，以及认真听课的精彩瞬间。

不过，老实讲，这也没什么技巧可言，秘诀就是多拍。一场活动下来，多的时候，我会拍几千张，然后从里面选出我觉得好看的那些，仅此而已。这其实也是一种勤能补拙。

因此，最后发出去的照片，多多少少也都能得到学员的好评。但说实话，我是真的不喜欢拍摄，尤其是修图，我真的很崩溃和抓狂。

所以，但凡有人跟我说"你拍得比专业摄影师拍得好多了，赶紧出一款有关摄影的产品，我买单"，还有人付费邀请我去拍线下活动，我都会笑一笑，然后坚定地说"不"。

为什么？

因为这不是我喜欢的，做这件事情，不仅是在消耗我的能量，我甚至感觉这是在要我的命。所以，不管你给我多少钱，我都会说"不"。

但是，如果你让我拿着麦克风上台去，我就会马上满血复活，感觉自己整个人都在发光。因为，我喜欢在台上侃侃而谈的感觉。当然，我更喜欢的是，别人因为我的分享，若有所思，若有所得，而且还能把笔记本记得满满的感觉。

这就是我做自己喜欢和不喜欢的事情的区别，一个是在滋养我的生命，一个是在要我的命。

那怎么才能找到自己的兴趣所在呢？很简单，把你想做的所有事情列出来，然后问自己3个问题：

第一个问题，假如这件事情所有人都反对，你得不到任何支持，你会不会去做？

第二个问题，假如做这件事情不给你薪酬，没有任何回报，你会不会去做？

第三个问题，假如这件事情你做了，拿到了你想要的结果，会给你带来多大的成就感？

分别给这3个问题打分，0~10分，然后你把对每件事情的得分做排序，从高到低，你自然就能找到你的兴趣所在。

优势圈

打造个人品牌，想要拥有竞争力，就一定要做自己擅长和专业的事情。而客户，往往也只会给专业人士付费。一件事情，你不喜欢，但你擅长，而且利益足够大，你也有可能做下去，因为你会得到正向反馈。

但在打造个人品牌的过程中，我遇到的情况却是，很多人其实并不是没有一技之长，而是觉得自己好像什么都能做。

我有一个客户就是这种情况，她有3个孩子，每个月会组织家庭会议，在多胎养育方面很有自己的心得体会和实战经验，她也学习了很多亲子教育方面的课程，因此，她就觉得自己可以做亲子教育。

她身边的朋友又觉得她对自己的精力管理做得很好，因为她既能把自己的家庭照顾得很好，同时又能经常出去旅行和学习，把自己活成了别人想要的样子，所以她又觉得自己可以做精力管理教练。

此外，因为她之前在职场上工作的时候，经常策划大型活动和组织高端的线下沙龙，所以时不时又有人找她做策划方案。因此，她觉得自己好像又能做营销策划。

总而言之，她多才多艺，觉得自己什么都能做。但做个人品牌到底要做什么呢？这个问题一直困扰着她。我让她把她全部可以做的事情列出来。接下来，只问了她一个问题：做哪件事情会让你非常有成就感且可以赚到更多的钱？

她回答说，营销策划。所以，她放弃了亲子教育和精力管理，转身选择了营销策划。做完选择后，第一个月，她就拿下了自己重出江湖的第一单。

做营销策划，其实是面对 B 端的。为什么要做 B 端呢？一是因为她的私域确实也没什么人；二是因为她过往的积累都在 B 端；三是因为 B 端给的客单价更高。

变现圈

你所做的事情，是要有市场需求的、可变现的，而且是"离钱近"的。所谓"离钱近"，是指你所做的事情，能够帮客户"离钱近"，可以降低客户拿结果的难度。而且，你让客户"离钱近"，你就能"离钱近"。

想要帮客户"离钱近",你就得挖掘出客户的真正需求,围绕着客户想要解决的问题和需要完成的任务来设计产品。

比如,如果你是做社群运营的,那你就不要只是把自己的工作定位为简单的社群运营,而是可以定位为营销型社群运营,或者是变现型社群运营,然后所有的工作内容,都围绕客户的变现来提供解决方案。

我在这方面就掉入过很多坑,走过很多冤枉路。我一开始加入 DISC+ 社群的时候,没有什么经验,所以研究的是怎么打造出像 DISC+ 社群这么有能量、能够自运转的社群,但是忽略了客户做社群真正想要实现的目标。

因此,我在一开始做社群运营的训练营产品时,做的是赋能型社群运营和自组织型社群运营。后来经过学习和高人指点,才升级为营销型社群运营。内容也做了全面的迭代,增加了很多关于营销和变现的模块。

比如,怎么找到有付费意愿和付费能力的客户,怎么打造一款具有销售力的产品,怎么做好社群的销讲,怎么写好朋友圈的变现文案……

当然,我也去掉了很多不痛不痒的、离钱远的内容,保留下来的所有内容都围绕着帮客户"离钱近"来设计。最后的结果就是,招生的人数是之前赋能型社群运营和自组织型社群运营加起来的 3 倍之多。

04 个人品牌
从个人品牌定位到个人品牌的打造

因为有这些经验的积累，后来我再做创业创富私塾的时候，就直接摒弃了简单的陪跑模式。而是能替客户做的，我都替客户做，能降低客户拿结果的难度的，我就全部给客户。

前文中，我们讲到，一个人想要变现，他就得搞定产品、流量、销售这3大问题。所以，我的创业创富私塾产品就是围绕这3大要素来设计的。

（1）产品。我帮客户策划和打磨他的高客单价产品的同时，给他一个打造个人品牌的高客单价产品，不仅有精美的PPT，还有10万字以上的逐字稿。

（2）流量。我跟客户进行一对一私教，跟他讲怎么做视频号流量和私域导流的同时，一年给他推送1000个高客单价客户。

（3）销售。我把市面上所有的变现方式，包括发售、直播、一对一私聊、销讲，都一对一私教给客户的同时，还一年给他改至少730条朋友圈，协助他完成变现。

每一个步骤，都是在帮客户离结果更近，离钱更近。

当然，如果说，你有很多产品，每个都能帮客户离钱更近，不知道做哪个，那就先做客户用起来可落地、能复制的，同时，又能给你带来最大利润的。

以上就是黄金定位法，接下来是产品定位法。

产品定位法

产品定位法其实更适合已经有产品但还没有做好个人品牌定位，或者说代理了别人的产品，想要围绕产品来打造自己的个人品牌的个体创业者。

具体怎么做呢？就是通过产品，倒推自己的客户画像，然后再通过客户画像，倒推自己的 IP 定位。

产品 → 客户画像 → IP 定位

聪聪老师就是这样做的，她平时做短视频带货的副业，后来又跟李海峰老师合作了出版项目。所以，把自己定位成了李海峰老师出版项目的操盘手。

这个定位，其实是在借势大 IP。如果你服务的是大 IP，那这种定位方式就是很好的。

定位好了可不可以变呢？当然可以，这其实也是聪聪老师对自己定位的规划。她未来想要做的是高客单价私聊谈单。为什么打算做这样的转变？因为她在这方面其实已经有 9 年的积累了。

自从她于 2016 年加入 DISC+ 社群，她就一直以 DISC+ 社群北京群群主的身份帮李海峰老师成交 DISC 的课程，课程费用从 6800 元一直涨到了 21600 元。李海峰老师自 2023 年开始做出版项目以来，她就负责该项目的销售工作，每个参与该项目的人最后的成交都是 30 万元以上。

所以高客单价成交，她是一直具备这个能力的，而且也是她做所有项目的底层能力。

同样地，如果你曾经也做过很多项目，那你就可以把这些项目里，你所发挥和夯实的底层能力提炼出来，把它作为你的定位。

这其实也是从"卖别人"到"卖自己"的一个华丽转变。

一句话定位法

前文介绍了两种定位法，接下来，我介绍一种我独创的，又极致简单的定位法：一句话定位法。

怎么给自己做好定位？你把下面这些问题想清楚了就能给自己定位了，即你希望给哪些人提供什么产品、解决什么问题来最终实现变现？又何以见得呢？

这句话看似非常简单，但是包含的信息和底层逻辑非常之多，接下来我来进行详细的拆解。

首先，是"哪些人"。

哪些人，是指你想要服务的目标客户。

想要变现，你就要找到精准的客户，也就是找到对的人。

什么是对的人？所谓对的人，是指既要有付费意愿，又要有付费能力的人。

（1）付费意愿

付费意愿的背后，是付费动机。我们讲过，想要一个人做出某种行为，你得满足他的3个条件。第一是要满足他的行为动机；第二是要降低对他的能力的需要；第三是要给他适当的提示和提醒。

你想要服务哪些人，代表的是这群人背后有一个什么样的问题是你可以帮他们解决的。而这个问题，如果不解决，就会给他们带来长期的痛苦和困扰，甚至焦虑和压抑。这也就是我们所说的客户痛点。客户的痛点，就是客户付费的动机。客户越痛，付费的动机就越强。

（2）付费能力

客户的付费能力，对于高客单价的产品来说，是极其重要的。因为即使客户有很强的付费意愿，也就是有强烈的需求，但就是付不起费用，那他也不是对的人。

怎么找到既有付费意愿又有付费能力的人呢？一句话，你的客户都在别人的付费社群里。所以想要做好个人品牌，不要只是想着成交，也要学会付费。

接下来，是"提供什么产品"。

产品的本质是客户的问题的解决方案。客户想要的不是产

04 个人品牌
从个人品牌定位到个人品牌的打造

品，而是想通过产品来解决某个问题，获得某种利益，拿到想要的结果。这句话，重复一百遍都不过分。因为当你真的认识到这句话的重要性，你才会知道什么叫作客户思维。

再来，就是"解决什么问题"。

问题，就是客户的需求、客户的痛点，客户需要完成的任务，而产品就是解决问题的工具。同时，再次强调一下，客户想要但不一定会买单，所以你一定要挖掘出来，在什么场景下客户的需求是最强烈的。

而且，每个人的需求可能也不一样，这时，你就要考虑到马斯洛需求理论中的5个层次。

最后，是"最终实现变现"。

你有没有发现，前面的"你希望给哪些人提供什么产品，解决什么问题"，都是利他；而后面的"最终实现变现"，才是利己。也就是说，这一整句话背后的底层逻辑是：利他才是最大的利己。为什么也要利己？因为只有利己，才可持续，也才符合商业运行的规则。

"何以见得"？就是凭什么说你可以做到？你说的到底是不是真的？有没有人为你"背书"？

如果你想要做好个人品牌定位，把这几个问题回答好就可以了。这样，你的目标客户、客户痛点、能解决问题的产品，也就都清晰了。这就是一句话定位法，简单，但是威力巨大。

打造个人品牌必备的3大能力

想要实现个体创业创富,你就得打造个人品牌,让别人知道你是谁,你可以帮别人解决什么问题,拿到什么结果。然后,他就会在解决相应的问题时第一时间想起你,给你付费。

到底怎么样才能打造好个人品牌呢?首先你得具备打造个人品牌的这3大能力:

第一,学习能力。

第二,输出能力。

第三,销售能力。

▶ 学习能力:从学到到做到的底层逻辑

学习能力,简单来说,就是我们如何快速、有效地获取新知识和新技能,并将其应用到实际生活中的能力。它包括观察力、思考力、理解力、创新力、应用力等。这些能力可以帮助我们更好地理解世界，解决问题，甚至不断创新。

在此我跟你分享一个我学习的方法。这个方法，我不敢说它能打遍天下无敌手，但它确确实实让我得到了突破式的成长。后来每次我在讲课的时候，都会把它当成我跟学员之间的学习约定。

这个学习方法就是：

（1）学习，不仅要学习知识和技巧，还要学习知识和技巧背后的道理。

（2）想想这些道理适合哪些场景，哪些场景也验证了这个道理是正确的。

（3）写下你可以用这个道理去改善工作和生活中的哪些方面。

比如，我们常见的一些海报，有虚拟产品的课程海报，也有实体产品的销售海报，它们之间有什么共同的特点呢？

它们之间最大的共同点就是定价，原价是多少，限时优惠价是多少。

如果你要做海报，你是不是就学会了一个在海报上给产品定价的"知识点"或者说"技巧"。

但这个知识点和技巧，背后的道理是什么呢？

锚定效应，就是这个定价技巧背后的道理。

所谓锚定效应，是指通过设定、改变、移除客户心中的参照物，达到影响客户评价体系的方式。

比如，我的体重是 140 斤，到底是胖还是瘦呢？那要看和谁对比。这个"谁"就是我的参照物。

我要是和聪聪老师对比，那我肯定是胖的，因为她还不到 100 斤。但是如果让我跟姚明对比，那我肯定是瘦的。

所以，与不同的参照物相对照，就得到了不同的结论。

因此，我们就可以通过设定、改变客户心中的参照物，而影响客户的评价体系。

接着，想想这个道理，在现实中的哪些场景下，验证了它是正确的呢？

你有没有发现，每次你进理发店的时候，理发师就会问你，我们这里有 3 种理发的套餐，分别是 68 元、98 元，还有 128 元，请问您想选择哪个套餐？

据统计，大多数人都会选择 98 元的套餐。

因为选择 128 元的套餐，会显得自己像是个"冤大头"，因为你根本没办法区分这 3 个套餐到底有什么不同。而选择 68 元的套餐，又显得自己很小气，不仅担心理发师会透过有色眼镜看我们，同时还担心理发师不好好给我们剪。

所以思来想去，选择居中的 98 元的套餐，既可以让自己接受，又可以好像"伤害"不到别人。

但其实，理发店最想卖的就是 98 元的套餐，128 元的套餐和 68 元的套餐都是给你设定的参照物，或者说锚点，目的就是影响你的决策。

理发如此，其实，生活中"别人家的孩子，别人家的老公，别人家的公司，别人家的爸爸妈妈……"这些场景的背后，都是锚定效应。

所以，幸福就是对比出来的，不幸也是对比出来的。

那我们怎样才能让自己更有幸福感呢？

就是不要老是向上比，也不要总是拿别人的长处来跟自己比，而是多看到自己的优点，多看到自己的进步。这样，你就可以生活得更幸福。

对于锚点效应，你还可以延伸出很多使用场景，比如给客户展示产品，先给他展示一个不是很理想的，然后再给他展示一个最好的，而且价格比不理想的那款还要低。这样你成交的概率就更大。

再比如，你向老板汇报方案，老板很挑剔，那你下次就可以先给他看竞争对手的方案，接着，你给他一个比竞争对手的好得多的方案。那他就会得出"你做得很好"这一结论，或者至少不会比别人的差。

这些都是锚定效应的运用。

所以，学习时挖掘出知识和技巧背后的道理真的是太重要了。因为你只有挖掘出背后的道理，才知道怎么做好知识的迁移,才知道什么是一通百通,才知道怎么从知道到做到。

学习知识和技巧,以及挖掘其背后的道理,就是知道。怎么运用背后的道理来改善生活和工作,就是做到。

▶ 输出能力:卖是解决一切问题的关键

学习能力,相对来说,考验的是一个人的输入能力。输出能力,考验的则是一个人对输入的知识的理解和重构的能力。

如果你要成为一个有影响力的人,你就要做一个内容创作者,一个思想的输出者。

但如果一个人只是输入,没有输出,那他的脑袋就会像得了血栓一样,会淤堵。所以,学到的,你就要分享给别人。只有这样,你才会成为一个有影响力和受欢迎的人。

知识不会因为你的分享而减少。相反,你越分享,得到的会越多。你越分享,你会把自己的知识系统梳理得更清楚,构建得更严谨。

那到底怎么锻炼和提升自己的输出能力?

在此给你分享一个我最喜欢且又是最系统的工具,5W2H。5W2H 就是:What, Why, Who, When, Where, How, How much (many)。

04 个人品牌
从个人品牌定位到个人品牌的打造

What——是什么？

我们可以采用"是什么"的方式来输出。

比如，你学习了个人品牌打造。那你就可以在朋友圈里写一段"什么是个人品牌"的文案。就像我写的这样：

> 劳家进
>
> 天天说打造个人品牌，那个人品牌到底是什么呢？
>
> 就是你留给别人的 #整体记忆。
>
> 你是干什么的，#能帮别人解决什么问题，是否有什么特别的记忆点，#为人处世是否靠谱。
>
> 比如，大家都知道李海峰老师是 #独立投资人，投资了28家公司。
>
> 他是 #畅销书出品人，他策划出版了多本畅销书。
>
> 他还是 DISC 课程的著名导师，培养了 5000 多名毕业生，所以大家想学 DISC 就找李海峰老师。
>
> 这就是李海峰老师留给他人的整体记忆。你的呢？
>
> 如果你想要给别人留下深刻的记忆，打造个人品牌，直接私信聪聪。

天天说打造个人品牌,那个人品牌到底是什么呢?

就是你留给别人的整体记忆。

你是干什么的,能帮别人解决什么问题,是否有什么特别的记忆点,为人处世是否靠谱。

比如,大家都知道李海峰老师是独立投资人,投资了28家公司。

他是畅销书出品人,他策划出版了多本畅销书。

他还是DISC课程的著名导师,培养了5000多名毕业生,所以大家想学DISC就找李海峰老师。

这就是李海峰老师留给他人的整体记忆。你的呢?

如果你想要给别人留下深刻的记忆,打造个人品牌,直接私信聪聪。

采用这种方式的好处,就是能够随时记录。同时,输出后,它既可以作为你运营社群和拍摄短视频的内容,未来你讲课或出书时,也可以把它当作你的素材。

Why——为什么?

还是以个人品牌为例,你可以以"为什么要打造个人品牌"作为主题,进行内容输出。像我写的这条朋友圈文案:

04 个人品牌

从个人品牌定位到个人品牌的打造

> **劳家进**
> 为什么你要做个人品牌？
>
> 大实话就是，做个人品牌，你能赚更多钱。
>
> 为什么？因为做个人品牌，你才会成为客户心目中的第一选择，同时，你才能定更高的客单价。
>
> 但说实话，现在靠个人一步步走，真的很难！但不是说你自己的努力不重要。努力很重要，但努力的方式和方向更重要。
>
> 比如，加入一个超级联盟，真的会让你瞬间就出圈，让你的势能在短时间内就可以快速聚拢。
>
> 李海峰老师所打造的贵友联盟，就是你的最佳选择！
>
> 因为李海峰老师不仅帮你打磨你的高客单价产品，还给你舞台，帮你实现变现，还帮你搭建超级联盟。
>
> 想知道怎么参与的，直接扫码私信聪聪。

为什么你要做个人品牌？

大实话就是，做个人品牌，你能赚更多钱。

为什么？因为做个人品牌，你才会成为客户心目中的第一选择，同时，你才能定更高的客单价。

但说实话，现在靠个人一步步走，真的很难！但不是说你自己的努力不重要。努力很重要，但努力的方式和方向更

· 181 ·

重要。

比如，加入一个超级联盟，真的会让你瞬间就出圈，让你的势能在短时间内就可以快速聚拢。

李海峰老师所打造的贵友联盟，就是你的最佳选择！

因为李海峰老师不仅帮你打磨你的高客单价产品，还给你舞台，帮你实现变现，还帮你搭建超级联盟。

想知道怎么参与的，直接扫码私信聪聪。

Who——什么人适合做个人品牌？When——什么阶段打造个人品牌的高客单价产品最合适？Where——普通人如何选择打造个人品牌的平台？How——怎么打造个人品牌？How much——从 0 到 1 打造个人品牌需要多长时间？

但并不是说，5W2H，每个你都要用到。而是你要尽可能穷尽。如果你能够列出某个主题下的 100 个 5W2H，并且给出答案，那你绝对就成为专家了，你也绝对能拿到你想要的结果。

前面分享了 2 个 W 的案例，接下来我们分享 1 个 H 的案例，就是 How。

04 个人品牌
从个人品牌定位到个人品牌的打造

劳家进

怎么成为一个高情商的人？

超级简单，比小学数学还简单。

什么是你讨厌的、你不喜欢的，那就别做；什么是你喜欢的、你想要的，那就多做。

比如，指指点点，尤其是站在道德制高点上指点别人。这个你不喜欢吧？那你就别对他人这样。

给人支持和帮助，你希望别人懂得感恩吧？那你也记得感恩，因为这是你想要的、你喜欢的。

不过，现实是很多人活成了自己讨厌的样子，而且还不自知。

这也是对我的提醒！

怎么成为一个高情商的人？

超级简单，比小学数学还简单。

什么是你讨厌的、你不喜欢的，那就别做；什么是你喜欢的、你想要的，那就多做。

比如，指指点点，尤其是站在道德制高点上指点别人。这个你不喜欢吧？那你就别对他人这样。

给人支持和帮助，你希望别人懂得感恩吧？那你也记得感恩，因为这是你想要的、你喜欢的。

不过，现实是很多人活成了自己讨厌的样子，而且还不自知。

这也是对我的提醒！

以上就是 5W2H 输出法。上文讲了个人品牌的主题，同理，朋友圈的主题也是如此。比如：

Why——为什么要发朋友圈？

What——朋友圈要发什么内容才有销售力？

How——怎么打造一个有销售力的朋友圈？

How many——一天发多少条朋友圈？

……

其实想要提升输出能力，最好的方法并不是你创作了多少内容，而是用销售来倒逼你的输入，用教授来倒逼你的输出。

为了教别人，你得先学会，你得先做到，而且你还收了客户的钱，所以你得保证客户的满意度。

因此，请你立刻，马上，开始销售。销售，是解决一切问题的关键。

➤ 销售能力：成为销冠的 4 个秘诀

销售能力，就是成交客户的能力。你的成交能力，决定了你的变现能力。

怎么提升你的销售能力？

秘诀一：你得足够笃定

你笃定，客户可能会买单。你不笃定，客户肯定就不会买单。

怎么才能成为一个内在笃定的人呢？我的方法很简单，就是每天默念"我是一个超级说服者，我具有无与伦比的说服力与影响力"。

我是个超级说服者，说服谁？说服你自己。说服你自己，你的产品就是最好的，你的团队就是最好的，你的价格就是最具性价比的。说服自己，才能影响别人。

客户是没办法被说服的，只会被影响。被你的笃定影响，被你的热情影响，被你的自信影响。影响他干什么？影响他向你打开心扉，影响他不设防地告诉你他真正的需求和痛点，影响他点击链接加入购物车，影响他给你付费。

秘诀二：转变角色

转变角色，让自己从销售成为一个专家。相比于销售，人们会更愿意相信专家。

如果别人感觉你只是个销售，可能会觉得你跟他讲的一切，只是为了与他成交；但如果别人觉得你在某个领域内很专业，相信你可以帮他解决问题，他就会更愿意跟你交流，愿意给你付费。

怎么才能让别人相信你在某个领域内很专业呢？

1. 输出你所在领域的专业内容

可以用 5W2H 输出法。但请记住，不要三天打鱼两天晒网，而是要持续输出。怎么才能做到持续输出呢？持续输入，就能做到持续输出。在这里给你分享一个小技巧。

你可以去关注三五个你所在领域的头部大咖，不论是他们的视频内容，还是他们的朋友圈，你都可以关注。

每天看他们输出的内容，甚至把他们近一年的朋友圈全部复制下来，一一进行拆解，然后重新写自己的，写完就发布出来。

要是哪天不想写，想偷懒，怎么办？把一个月前自己发布的内容，复制粘贴重新发一遍。

2. 展示你的成功案例

李海峰老师经常跟我们强调："不要用学习的感受，代替结果的获得。"因为结果不会撒谎，结果不会骗人。

学习，是为了做事，是为了成就他人。所以，一定要想办法成就他人，支持他人。如果暂时没有人愿意付费让你去成就和支持，你可以先成就自己，你自己就是你最大的成功案例。

比如，你想要教别人减肥，那你就把自己减肥的过程全部记录下来，分享在你的朋友圈里，分享在你的短视频里，让别人见证你减肥的过程。这样，你在减肥领域，也就更有说服力。因为你讲的，就是你做的，你做的就是你讲的。

结果很重要，但过程更重要。别人会为结果买单，更会为你在过程中所展现出来的震撼人心的毅力买单。

秘诀三：跟有结果的人学习

我跟聪聪老师为了做好创业创富和一对一私聊谈单的辅导，我们自己就花费了巨额资金去跟有经验的人学习，基本上把市面上所有的销售方式都学了个遍。

无论是私域发售、一对一私聊谈单，还是直播成交和线下销讲，没有一个落下。

付费学习，就是个人成长的最快的方式，因为我们学习的并不仅仅是一个课程，而有可能是别人十几二十年的经验积累。我们花了学费，但是节省了时间，提升了我们拿结果的速度和概率。而且，今天能为你的投资学习负责的，也只有你自己。

所以，请一定要用投资的眼光来看待付费学习。今天为你学习投资负责的是谁？是你自己。

秘诀四：刻意练习

任何技能的获得，都是刻意练习的结果。

聪聪老师做一对一私聊谈单，就是反复刻意地练习。一个与客户的沟通电话挂断，她就马上给自己的沟通打分，并且复盘。

客户付费了，她会复盘：客户是为什么付费的？是怎么被打动的？有时候，她甚至直接问客户，你最后是出于什么原因决定付费的？然后把这些要素记下来，形成她的SOP。

客户不付费，她也会复盘：是不是我今天不够笃定？是不是没有挖掘出客户的需求？是不是没有放大客户的痛点？是不是报价出了问题？等等。当然也可能是她都做对了，只是客户没有付费能力。

她就是这么一遍一遍地做，在2023年，仅仅是一年的时间，她通过朋友圈和一对一私聊谈单，就卖了1000多单999元客单价的产品。

如果你想要提升自己一对一私聊谈单的成交力，欢迎与聪聪老师连接。

这就是我们谈到的销售能力。想要提升成交能力，你得足够笃定，你得做好成功案例的展示，你得跟有经验的人学习，并且刻意练习。

最后就是，这个客户不成交，没关系，千万别内耗，继续关注下一个，因为这个世界就是个概率的世界。

打造个人品牌的 4 段论

➤ 打造个人品牌就是一个画等号的过程

衡量一个品牌是否打造成功，就看它是否被客户与自己的某个需求画上了等号。

画上了等号之后，但凡客户想要解决某个问题，他就会想起某个品牌。

这就是我们在前文说的从占领客户的心智份额变成占领市场份额。

同样地，怎么衡量一个人的个人品牌是否打造成功了呢？也是看你是否被客户与自己的某个需求画上了等号。

董宇辉＝带货主播，王家卫＝电影，樊登＝读书，这些都是被画上了等号的大咖，所以，人们但凡想要在直播间买东西的时候，可能就会想到董宇辉；想要看电影的时候，可能就会想起王家卫；想要读书的时候，就会想起樊登。

所以，可以说，打造个人品牌，实际上就是一个画等号的过程。但，怎么才能让客户把自己的需求与你画上等号呢？

➤ 怎么才能画上等号

第一，重复"摆摊"

在自媒体时代，直播是"摆摊"，发朋友圈是"摆摊"，运营社群是"摆摊"，线上公开课、线下课程等都是"摆摊"。

"摆摊"就是为了告诉别人，你是谁，你可以帮别人解决什么问题，你可以给别人提供什么产品。

而且一定要用一句话介绍清楚自己，具体的要点前文我们已经做了详细的拆解，在这里就不再赘述。但是，最重要的还是，一定要重复，重复"摆摊"。

因为客户的特性是遗忘，营销的本质是重复。只有重复，客户才会记住你，你也才能占领客户的心智。

在这方面李海峰老师做到了极致，他不仅在自己的社群里"摆摊"，在自己的朋友圈里"摆摊"，他还很慷慨大方地，尽可能安排时间和他人连麦，在他人的直播间里、他人的私域里"摆摊"。

基本上，每个月他都会有好几场大咖发售连麦。这其实也是经营他域最高级的方式，助力他人成交，助力他人拿结果。

第二，做时间的朋友

我每次回家都会造访两个地方。

一个是徐闻（我老家县城）腌粉店，一个是糖炒栗子店。每次回家的第一站，都是这两个地方中的其中一个，尤其是糖炒栗子店。

经营糖炒栗子生意的老板娘不是我们本地人，她一开始来的时候讲的是一口我们羡慕得不得了的普通话，现在讲一口比我还流利的方言。

每次见到她，我都会说，老板娘，我来看你了。

她在我们县城卖了二十年的糖炒栗子，风雨无阻，从没有变化。我想，这也是我们这些老顾客始终能找到她的原因。

就连我的姨丈都说，她的糖炒栗子是全徐闻最好吃的。为什么呢？因为她是在做时间的朋友。

另外，我再跟你讲讲李海峰老师。

李海峰老师讲 DISC 课程，有没有其他老师跟李海峰老师一样，也讲这个课程呢？当然有，而且一大把。

但是为什么其他老师做不到李海峰老师这样的规模呢？没有员工，没有分销，没有代理商，8 年时间，5000 多位毕业生。

04 个人品牌
从个人品牌定位到个人品牌的打造

答案很简单，就是其他老师讲完 DISC 课程后，他可能会去讲 A 课程，讲完 A 课程后，可能会去讲 B 课程，讲完 B 课程后，可能会去讲 C 课程，讲完 C 课程后，可能还会去讲 D 课程……永远在变，永远没有一个固定的可以让别人记住他的标签。

但李海峰老师讲 DISC 一讲讲了 20 年。所以在所有人眼里，李海峰老师就是讲 DISC 的专家。所有人想到李海峰老师，就会想到 DISC，想到 DISC，就会想到李海峰老师。

也就是说，在大家眼里，李海峰老师 = DISC，DISC = 李海峰老师。所以你觉得大家要学习 DISC 会找谁？

毋庸置疑，就是找李海峰老师！这就是做时间的朋友。

李海峰老师从去年涉足出版行业，做这个的人也有很多，为什么大家依然还是找他呢？

那是因为李海峰老师的出版项目，其实是从 DISC 里延伸出来的，而不是凭空冒出来的。在这里提醒你，如果你要寻求第二曲线的增长，请一定要记住，它不是你从"0"开始的，而是从你的第一曲线里延伸出来的。

怎么延伸出来的？

截至 2024 年 5 月，李海峰老师已经出了 40 多本书。他是一开始就这么厉害的吗？

当然不是。

他其实从 2007 年就开始进入出版领域了。当时他在企业中工作，帮企业家策划出书。

后来做 DISC+ 社群，他就把这个项目当作一项福利送给那些对 DISC+ 社群有贡献的人。为什么送给大家？因为当时大家都看不懂出版的价值，也根本不明白李海峰老师的用心设计和后面的布局。

我很荣幸地被李海峰老师邀请参与了 DISC+ 社群第一本合集的创作。自从参与创作了这本书，我的职场生涯就像"开挂了"一样。因为我的前任老板就是看了我写的内容，于是直接邀请我去公司当运营总监，跳过了简历筛选、主管面试等各项环节。

所以一直以来，我对李海峰老师都心存感恩。

当时，我们看不懂、看不明的时候，李海峰老师没有说服，而是先给予。给着给着，很多人就发现了出版的价值，所以就延伸出了李海峰老师的出版项目，也才有了后来李海峰老师出版项目单场发售千万元的业绩。这就是从第一曲线到第二曲线。

不过，这背后的逻辑是李海峰老师自己都在践行的个人品牌打造 4 段论：做雷锋、写日记、传播出去、反复做。

做雷锋

做雷锋，就是先做好人好事，先给，先利他。尤其是在别人还不明白你的价值所在，对你能否帮他解决什么问题存疑的时候，你尽管先给。

但行好事，莫问前程。因为，前程就藏在你不断地做好事中。当你给得足够多了，别人因为你给的东西在某一天受益了，变好了，他就成了你的成功案例。

但我并不是说，你只管一味地去付出。

而是，你如果能让别人给你付费的话，就一定要让他给你付费。但如果你也像李海峰老师一样，这些都还在你的能力范围之内，那你先给也无妨。

但如果可以，请记得一定要收费。

因为收费是你对自己的价值的肯定，也是对他人负责任。因为，如果你不收费，他可能就不会珍惜。而且，如果你持续地给予，不懂得索取，某种程度上，你就是在激发人性的恶，而且会形成恶性循环，吸引一群"吸血鬼"到你的身边。

因此，做雷锋，不仅要利他，也要敢要。

写日记

接下来，就是个人品牌的第二段：写日记。写日记，就是把你是如何助力他人解决问题和拿结果的过程写下来。因为没有记录就没有发生。

不管是以朋友圈、公众号、视频或者别的什么形式，反正就是要记录下来，坚持做一个内容创作者，而且"一鱼多吃"。

传播出去

创作好内容之后，不是束之高阁，而是要传播出去。千万不要花三天时间写了一篇文章，却只用一分钟时间发一次朋友圈就完事了。

相反，好的内容值得你反复传播。我就是这样做的，如果我发现，我哪条内容写得很好，有助于我的成交，我就会隔一段时间发一次，再隔一段时间再发一次。

书也是，你辛辛苦苦写了，就不要只是在图书出版上市后的那几天传播推广，相反，你要一直传播，一直推广。因为，只有持续传播和持续推广，才会持续有影响力。

这其实也是"摆摊"。

大多数人的问题，不是不会创作内容，而是没有重视内容的传播，没有坚持、反复地传播。

反复做

做了雷锋，写了日记，也传播了出去。但很有可能，结局就是石沉大海，基本没有效果，怎么办？

所以要反复做。反复做，就是反复做雷锋，反复写日记，反复传播出去。只有如此，你才能在事中磨，不断地得到提升，你才能让别人从认识你到认可你，最终"认购"你。

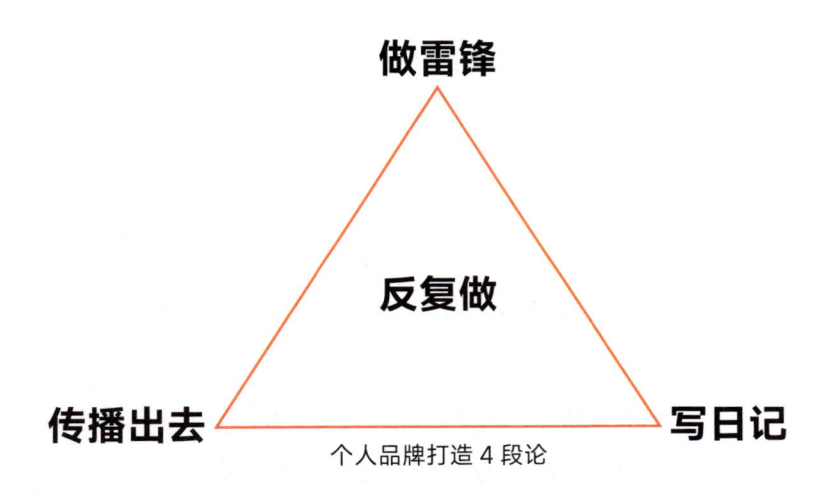

04 个人品牌
从个人品牌定位到个人品牌的打造

```
            做雷锋

           反复做

   传播出去        写日记
         个人品牌打造 4 段论
```

李海峰老师在做出版这件事上，就是这么做的。

先做雷锋，无条件帮助那些对社群有贡献的学员出书。书出版后，就开始做书课训练营，写公众号文章，然后开始跟作者一起做全国巡讲，传播出去，并且反复这样做。

就这样，每本书都做到了当当畅销榜榜单第一名。

这就是打造个人品牌的 4 段论，做雷锋—写日记—传播出去—反复做。

本章总结

以上，就是第四章的内容，我们做一个简单的总结：

一、个人品牌，就是你留给他人的整体印象。

二、定位，就是为了成为第一。或者说，在某个领域、某个范围内成为客户的第一选择。

三、成为第一，不是为了争强好胜，而是为了活下来。

四、怎样才能成为第一？要么最先进入，要么创造品类，要么群体细分。你越细分，你就越专业。

五、做好个人品牌定位的3个方法：黄金定位法、产品定位法、一句话定位法。

六、打造个人品牌必备的3大能力：学习能力、输出能力、销售能力。

七、打造个人品牌就是一个画等号的过程。

私域运营 05

从精准的高客单价
客户引流到私域变现

私域引流的重要性：没有私域就没有未来

想要打造个人品牌，实现个体创业创富，几乎可以说不会有人否定私域的重要性。但，现实就是，确实还有太多人不重视私域的引流。

为什么要引流到私域呢？

第一，如果你没有把客户引流到私域，你就没有办法进行实时的触达。

所谓实时的触达，就是你想什么时候给客户推送信息，就什么时候推送。而触达是与客户成交的前提，没有触达，就没有成交。

在私域里，触达客户的方式至少有3种：朋友圈的触达、社群的触达、一对一的私信触达。

其中最高效的触达方式就是一对一私信。因为不管你是发朋友圈也好，还是在社群中发布信息也好，客户都有可能看不到。但是，只要你一对一给对方发送，他就能看到。除非你频

05 私域运营
从精准的高客单价客户引流到私域变现

繁群发广告给他带来了过多的干扰,他把你删掉或者是直接忽视了。

第二,在公域上完成高客单价成交的难度是非常大的,但如果你把客户引流到你的私域里,用内容给客户提供价值,建立好与客户的信任关系,高客单价成交的概率就会成倍地增长。

因此,不管你是在公域里发内容,还是在公域里做直播,都请记住,你最重要的目标是私域引流获客,而不是高客单价成交。

第三,你只有把客户引流到你的私域中,才会降低你的流量风险,帮助你度过创业困难期,实现幸福创业。

我们有一句话是这样的:不在你的私域中的流量都不是你的,不管你的公域做得多大。这句话一点都不夸张。因为在公域中,只要你犯了一个错误,或者平台的政策有所调整,你的账号很有可能会被限流或封禁。

所以,你千万不要觉得那些百万粉丝的网红博主们的日子过得很滋润。他们很有可能每天寝食难安、如坐针毡。因为他们每天都在担心自己可能会不小心说错话,担心别人可能会找他们的麻烦,担心他们可能会被封号。

而且很多时候,这种风险是看不见摸不着的,并不由你控制。很有可能不是你的错,而是某一个博主出事了,牵扯到了你,这种现象现在比比皆是。所以,"出名"本身就是一种风险。

因此，但凡有点私域意识的网红博主们，在开始做账号的时候，都在铆着劲儿想方设法从公域里"偷"流量到自己的私域中。因为你只有把流量导流到你的私域里，那才是你真正的流量资产。

而且当你碰上不确定性的时候，你的私域资产才会帮你度过最困难的时期。

第四，你只有把客户引流到私域，才能降低你的营销成本，提高客户的复购率和转介绍率。

因此，总的来说，没有私域，就没有客户终身价值；没有私域，就没有高客单价成交；没有私域，就没有未来。

私域引流：精准高客单价客户引流的5大模式

美国知名学者凯文·凯利曾提出"1000个铁杆粉丝"理论。

他认为对创作者而言，如艺术家、音乐家、摄影师、工匠、演员、动画师、设计师、视频制作者、作家等，任何做原创内容、传递正能量的人，只需拥有1000名铁杆粉丝便能养活自己。

实际上，"1000个铁杆粉丝"理论同样适用于个体创业创富者。也就是说，一个个体，只要获得了1000个铁杆粉丝，就可以养活自己。

怎么才能拥有1000个铁杆粉丝呢？毋庸置疑，就是做好私域的运营。而做好私域的运营的前提，就是你有私域流量可以运营。怎么才能拥有自己的私域流量？怎么才能实现精准高客单价客户的引流呢？

接下来，我会给你介绍5种模式。但并不是说这5种模式你一定要都做，事实上，只要你能做好其中任何一种，你就不会再为流量而焦虑了。

➤ 高客单价社群引流

高客单价社群引流，顾名思义，就是在别人的高客单价付费社群或意向群里吸引流量。

如果你的产品大多是客单价比较高的，那高客单价社群引流，相比于你自己做公域流量来说，其实是更高效、投入产出比更大的一种方式。原因有三：

（1）不做公域流量，你就可以不用辛辛苦苦地忙着找选题、写文案、拍摄和剪辑，也不需要每天都坐在镜头前做直播，因此也可以帮你在一定程度上避免被限流的风险。

做 IP，安全很重要。所以做 IP 不是看谁挣得多，而是看谁能"活"得更久。

（2）拍短视频做公域，吸引关注的可能大多也是没有付费能力的客户，而你的产品又主要是高客单价的话，对于你来说，转化的效率也就比较低。

（3）在他人的高客单价社群里引流，相当于别人已经帮你完成了筛选，而你只需要用一定的技巧，把他们引流到你的私域里就可以了。

具体要怎么引流才比较高效，而且还能受人欢迎呢？下面我分享5种在高客单价社群里引流的技巧和方法。

红包引流

红包引流，是指在高客单价社群里发红包。某种程度上，就是花钱买流量。这种方式非常适合在你刚加入一个高客单价社群的时候。

李海峰老师就经常使用这种方式。在他付费购买了别人万元以上的产品时，基本上，只要他入群，他就会在别人的社群里发66.66元的人均红包，群里有多少人，他一般就会发多少个。

他这种做法是非常豪爽的，当然也是大家都喜欢的，因为每个人打心里都喜欢大方的人。这个时候，只要对方领了你的红包，大多也都会主动来添加你为好友。

但需要特别注意的是：

（1）在发红包之前，最好是跟社群主理人提前沟通和申请。

虽然发红包是好事，但也要避免打断社群主理人当下社群内的节奏。

跟主理人沟通，也是对主理人的尊重，如果你的申请被审核通过，你发完红包，他往往也会主动出来为你"打call"，给你烘托势能，邀请大家添加你为好友，那你被加好友的比例也会更高。这相当于降低了你的获客成本。

（2）发红包的时候，一定要看，此时此刻社群内是否有很多人也在发，如果有，那你就先不要发。

因为，如果你发多了，容易得罪人，显得别人不够大气。你发少了，抢红包的人也没有什么惊喜。所以，一定要避免跟人对比。

而且如果很多人都在发，你发的就会被淹没在"红包雨"中。你发，别人也在发，你被添加好友的比例就会降低。毕竟你也是花钱买流量，还是要考虑获客成本的。

（3）发红包本身已经是在显示自己的实力，但不要让别人感觉到你是在抢主理人的风头，所以发完红包后，要表达对主理人的感谢。

李海峰老师经常讲，一件事情是否做好了，有两个衡量标准，一看是否达成了你想要的结果，二看跟干系人的关系是否变得更好。

发红包也是如此，切莫因小失大。处处谨慎，多一份用心，到哪里都只做一个加分的人，这样你才会更受欢迎。

此外，千万不要觉得66.66元的获客成本很高，但凡成交一个高客单价的客户，比如5万元的私塾课，那你就几百倍地赚回来了。所以，离开投入产出比来讨论成本，是没有意义的。

自我介绍引流

自我介绍引流，就是进行自我介绍，通过向别人展示自己，吸引他人添加你为好友。这种方式适合在两种情况下使用：

第一，你刚加入一个社群的时候；第二，主理人在组织大家进行自我介绍的时候。

无论是第一种还是第二种情况，你的自我介绍都要注意以下3个要点：

（1）一定要有话题点，或者反常识，出乎别人的意料。

比如，4年生了3个娃，7天时间找到老公，这就是话题点。"不用运动，不用吃药，不用节食，你也能减肥成功"这就是反常识，也是出乎别人的意料。

这么做的主要目的就是吸引别人与你聊天，也是特意给别人加你好友留下的一个"理由"，好让别人跟你聊天的时候有切入点。

（2）在介绍你的核心价值点，也就是你可以帮别人在什么领域解决什么问题的时候，一定要尽可能地用数据呈现你在这个领域内的成就。

因为人天生会被数字所吸引，同时，数据化也会给别人非常真实的感觉，更容易得到他人的信任和认可。

（3）一定要控制好字数，控制在手机屏幕的长度以内，降低他人阅读的难度。

以上指的是文字形式的自我介绍。如果你要用图片的话，建议你请专业的设计师来设计，做高客单价，就一定要做出"我很贵"的感觉。

千万不要发一张清晰度很低、看都看不清楚的图片，这很影响别人对你的第一印象。你的第一印象价值百万，请你一定要严肃认真地对待。而且很多时候，别人愿不愿意给你付高客单价，往往就是由对你的第一印象决定的。

在这里跟你分享一个我朋友的血泪教训。

以前每次我们线下课开班，我这个朋友都会来帮我们拍照。她拍出来的照片比很多专业摄影师的都好看，很高级。而且她还知道我们想要的是什么，根本不需要沟通。她出片也很快，基本上上午拍完，中午就能发给学员。

但其实她并不是靠拍照赚钱的，她本身是一个做个人品牌非常厉害的老师。她来帮我们拍照，完全就是义务劳动。当然，为了表示对她的感谢，我们在现场也会向所有的学员推荐她，邀请大家添加她为好友。

但奇怪的是，当她后来做自己的高客单价产品的时候，我们的学员很少有给她付费的。

调查后才发现，原来在学员的第一印象里，她就是一个会务人员，一个摄影师。虽然当初我们在现场就帮她做过澄清，但却很难让别人记住她是个人品牌的商业顾问，而不是摄影师。

05 私域运营
从精准的高客单价客户引流到私域变现

所以自从发现了这个问题后,她再来到我们的课程现场,我们再也没让她扮演过摄影师的角色,而多是让她以送礼嘉宾的身份出现。

就因这样的转变,给她付费的学员才多了起来。所以,第一印象真的太重要了。

另外在这个故事里,我还想再提醒你一点,如果你想要收高客单价,在一些场合里,你一定不要把自己放在低位上去服务对方,尤其是第一次见面的时候。否则后续想要收高客单价会很困难。这点,请你一定要切记。

最后,我们还是回到自我介绍这个部分。如果你是在主理人组织大家进行自我介绍的时候做的自我介绍,建议你一定要争当第一人,因为人们往往只会记得第一,而且你第一个做自我介绍,也是对主理人的支持,主理人也会在心里记得你的好。

如果你有视频版的自我介绍,建议你一定要提前问社群的主理人,是否可以在群里发视频链接,否则很容易被误认为是广告。

视频的自我介绍,建议时长尽可能控制在一分钟之内,太长了,别人也没有耐心看完。

干货分享引流

干货分享引流，就是通过在别人的高客单价客户群里进行干货分享，来获得他人的认可，吸引别人主动添加好友。

怎么才能获得在别人的高客单价客户群里进行分享的机会呢？8个字：跟主理人搞好关系。

但在这里有一点也要特别提醒你：当你被邀请在他人的群里进行分享的时候，切记，一定要全心全意、诚意十足地只做内容上的交付，千万不要急着打广告，除非获得主理人的允许。

否则，你被邀请分享很可能就只有第一次，没有第二次。

价值输出引流

价值输出引流，指的是在他人的高客单价付费群里，帮忙回应客户的问题，并且给出有价值的解决方案，或者是有建设性的建议。

只要你足够诚心诚意，不管你的解决方案和建议最后是否会被采纳，你这种积极主动利他的行为都会被别人看见，尤其是那些不常在群里发言的人，可能还会主动添加你为好友。

但也请记住，千万别好为人师，直接给别人建议。这是因为：第一，显得你的建议不值钱；第二，别人还可能不领情。

而且，如果对方的问题比较个性化，跟其他人没有什么关系，那你可以跟他进行一对一的沟通，这样也能避免在群里有过多的讨论，给他人造成信息干扰。

当然，还有一种价值输出引流的方式，就是当主理人在做内容分享的时候，你把你的学习笔记、思维导图或者是受到启发后的解决方案分享在群里，也会容易吸引别人添加你为好友。

成功案例引流

成功案例引流，是指把自己打造成主理人的成功案例，而且如果可以，一定要是冠军案例，"活"在主理人所有场合要用的 PPT 和对外宣传的海报里。

冠军案例引流，绝对是私域引流的超级杠杆。因为它覆盖的绝不仅是一两个群，而是他人的所有私域。

比如，李海峰老师请别人帮他做出版项目的发售，要么不做，要做就打破对方过往发售 GMV 的记录，成为第一名。

为什么要做第一名？因为只有这样，不管对方是在线下课程中讲到他的成功案例时，还是对外宣传自己的时候，他势必都会讲到李海峰老师。

在讲李海峰老师的时候，虽然他是从他的视角去拆解自己是怎么帮李海峰老师做到这么高的 GMV 的。但是某种程度上，他这也是在宣传李海峰老师。

这就是免费的广告位，这就是引流的超级杠杆。

这其中的底层逻辑，是李海峰老师经常讲的："我要让对方在宣传他自己的时候，不介意带上我。"

以上就是高客单价社群引流的 5 种方式，不是每一种你都必须要用，而是要选择适合你的，你最擅长的来用。

➤ 朋友圈互推引流

什么是朋友圈互推引流

朋友圈互推引流，是指你在你自己的朋友圈里推荐别人，别人也在他自己的朋友圈里推荐你。

这个私域引流的方法非常好用，而且非常高效。不管你现在处于什么阶段，只要用好这个方法，你就不会缺流量。尤其是如果你现在处于从零开始的起步阶段，这个方法强烈推荐你用。

朋友圈互推引流，只要你们彼此之间不是竞争关系，只要你们的流量是双方都想要的，是互补的，那你们就可以进行互推。这其实就是异业联盟。

比如，我是教个人品牌打造的，你是教文案写作的，那我们的流量就可以互通。

因为买我的产品的人，也有可能会买你的产品，而买你的产品的人，也可能会买我的产品。

我有 3000 个好友，你有 3000 个好友，我在我的朋友圈里推荐你，你在你的朋友圈里推荐我，这样我们就实现了流量的互换。假如，我们做到了 100% 的互换，那我们双方就都多了 3000 个好友。

这个世界非常神奇的地方就在于，有些东西我们互换之后，各自拥有的只增不减。

我有一个创意，你有一个创意，我们互换一下，那我们就拥有了两个创意。我有一个新的认知，你也有一个新的认知，我们相互分享一下，那我们就都拥有了两个认知。

当然，流量也是这样。

我有 1000 个粉丝，你有 1000 个粉丝，只要我们的流量互补，彼此之间是非竞争关系，我们就可以组成流量联盟，互换流量。

朋友圈互推引流 5 步法

那到底怎么互换呢？在这里，给你分享一个我实践多年，屡试不爽的互推 5 步法。

第一步，撬动信任杠杆。

简单来说，就是在彼此的私域里给对方做"背书"。做"背书"是为了告诉别人，你推荐的人值得。

第二步，传递核心价值。

传递核心价值，是为了告诉别人，你推荐的人为什么值得。

第三步，扭转厌恶情绪。

在上一步传递的核心价值里，往往会展示你推荐的人的实力。但是实力的展示，往往会引发他人羡慕、厌恶或者是嫉妒的情绪。

所以此时，你需要做适当的设计，来安抚和调和他人的情绪。让他人从羡慕你、嫉妒你、厌恶你到喜欢上你。

第四步，投下利他钩子。

想要他人做出某种行为，我们就要满足他人的行为动机。同理，想要别人添加你为好友，你也得告诉别人，你可以帮别人解决的问题是什么，可以帮别人获得的结果和利益是什么。如果可以，最好把"钩子"场景化和数据化。

第五步，给客户下指令。

人的行为是需要被提醒的。所以想要提升加好友的比例，你就要送出高价值且限时限额的福利，同时给对方下指令。

比如下面这段文案：

今天一定要给你推荐我的好姐妹聪聪，她真的太厉害了，在家里做短视频带货的副业，1年靠一部手机就赚了90多万元。

推荐她，并不是因为她多么会赚钱，而是因为她真的超级利他，尽心尽力地帮助 1000 多人增加副业收入，给大家解答问题的耐心程度真是超出我的想象。

如果你想要在家里一边带娃，一边赚钱，扫码加她为好友，今天她还会送你 1 本副业创富的书，给你包邮到家，仅限前 10 人。

看完这段文案，你是不是也会心动？甚至马上也有想要扫码添加她为好友的冲动？

接下来，我们按照以上的 5 个步骤进行详细的拆解。

第一步，撬动信任杠杆。

"今天一定要给你推荐我的好姐妹聪聪。"

看完这句文案，你有什么样的感受？

首先，你是不是觉得聪聪可能跟我有一定的私人关系，甚至彼此认识有一定年头了，关系很好？

没错，这就是我想要的效果。我想告诉你，这是我认识多年的朋友，我对她很了解，所以才把她推荐给你们，你们可以放心。

其实，我这是在给聪聪做信任"背书"，撬动你们对我的信任杠杆。

什么叫信任杠杆？

我在我的朋友圈里给你推荐我的朋友聪聪，你是不是可能不认识她？没关系，只要你信任我，相信我，相信我是一个靠谱的人，那你是不是可能也会相信我给你推荐的人也是靠谱的？那你是不是可能也会愿意跟聪聪交朋友？

这就是撬动了你对我的信任杠杆。

事实上，这也是个人 IP 带货的逻辑，就是你相信我靠谱，那我推荐的产品也是靠谱的，所以你就会购买。

另外，看完"今天一定要给你推荐我的好姐妹聪聪"这句话，你是不是可能也会好奇我为什么会为你推荐她，然后会接着往下看呢？

文案的开头，目的就是要吸引客户的注意力，引发客户的好奇心，只有这样，才会有完读率。有完读率，才会有加微率（添加微信的比例）。

第二步，传递核心价值。

"她真的太厉害了，在家里做短视频带货的副业，1 年靠一部手机就赚了 90 多万元。"

这句文案的重点是传递核心价值，就是要说明，你推荐的人是做什么的，可以帮客户解决什么问题，而且重点要突出

"何以见得"。怎么突出？就是用他的数据化的成就来说明。

像聪聪，她做短视频带货的副业，就是在暗示你，她在这方面很专业，可以教你，为什么可以教你？因为她做了一年就赚了90多万元。

"只靠一部手机"，这也是在给你传递：这件事不难，只要你会用手机，你也可以。引发你好奇"是真的吗"的同时，又避免了你的畏难情绪。

第三步，扭转厌恶情绪。

"推荐她，并不是因为她多么会赚钱，而是因为她真的超级利他，尽心尽力地帮助1000人增加副业收入，给大家解答问题的耐心程度真是超出我的想象。"

这段文案就是为了扭转客户可能存在的厌恶情绪。

如果文案只是写到上一句，"她真的太厉害了，在家里做短视频带货的副业，1年靠一部手机就赚了90多万元"，那就有可能让别人认为这是在炫富，容易引发别人的厌恶情绪。

所以，当我们在展示完一个人的核心价值和成就的时候，一定要注意安抚和扭转别人的这种厌恶情绪。

让别人从羡慕你、嫉妒你、厌恶你，到喜欢上你。

第四步，投下利他钩子。

投下利他钩子，就是创造一个别人添加你为好友的理由。

就像"如果你想要在家里一边带娃，一边赚钱"，就是在激发客户添加你为好友的内在动机，而且也是再次传递你所推荐的人的核心价值。

这里需要注意的是，最好把别人为什么添加你为好友的动机进行场景化，因为这样会让别人更有画面感。

第五步，给客户下指令。

"扫码加她为好友"，就是在给客户下指令。给客户下指令和未给客户下指令，最后的效果差别很大。

不知道你有没有过这样的生活体验？当你走到一家饭店的门口，还在犹豫要不要进去的时候，如果有一个服务员叫了你一声，你就进去了；不叫你，你可能就走开了。

为什么？因为人的行为是需要被提醒的。

在朋友圈中进行互推的时候也是如此，你提醒他，给他下指令，他可能就会加你为好友，你不提醒，他可能就不会加。

给客户下了指令，之后你再给他一定的利益，就像"今天她还会送你1本副业创富的实体书，给你包邮到家，仅限前10人"，就是在强化他行动的动机。

最后限制名额，这样添加你为好友的概率就会成倍地增加。因为这样不仅利用了人性中贪小便宜和害怕失去的心理，还降低了客户行动的难度，就是扫码添加即可领取。

这就是朋友圈互推引流的 5 步法。

学会这一招，并且用到极致，你就不会再有流量焦虑了。聪聪老师平时做短视频带货的引流和获客，就只用了这一招。

▶ 视频号私信引流

一个人拥有的流量能力等于公域获取流量的能力加上导流到私域的能力。导流到私域往往更重要，因为只有导流到私域，我们才能实现客户的实时触达、高客单价的成交及客户终身价值的打造。

那到底怎么才能从公域往私域导流呢？接下来，我以视频号为例来进行详细的拆解。不过在拆解之前，还是要向你说明，为什么我是以视频号为例来拆解。

从目前来看，第一，视频号是未来唯一可以跟抖音分庭抗礼的公域平台，而且随着流量成本的升高，很多 IP 已经把主战场转移到了视频号。第二，视频号是公域和私域结合的最好的平台，因为要从视频号导流到私域，就是直接添加到微信上即可。在某种程度上，不管是视频号的公域还是微信的私域，都是腾讯体系，所以视频号对从公域导流到私域也相对宽容。

以上就是具体原因，接下来，我们就拆解怎么把视频号的公域流量导流到私域。

把流量从视频号导流到私域有很多种方式，比如直播抽福袋导流、直播间贴二维码导流、评论区留言引导加微信、直播间送福利导流，甚至还有拍视频引导评论区加微信导流。

但在本书中，我最想跟你分享的是，怎么把在视频号上关注你的粉丝导流到你的微信上。具体怎么做呢？

第一步，准备一份诚意十足的福利

大多数人存在的问题是，不是不会创造价值，而是不会塑造价值。意思是说，大多数人准备的福利不是没有诚意，而是不知道怎么传递出这份诚意。

比如，很多人给别人赠送一个锦囊，可能只是简单地说："回复我'666'，送你育儿锦囊100条。"这么说，吸引力明显是不够的。

但如果你说："我把培养我家两个孩子考上清华、北大的实战经验总结成了100条育儿锦囊，看过的家长们都说价值百万，而且他们还打印出来每天都对照着一条一条检查自己是否做到。如果你也想要的话，回复我'666'。"

这样吸引力是不是就很强了？这就是塑造价值。假如是你，你会想要这个福利吗？

塑造价值，有3个非常关键的要点：

（1）一定不能造假，可以真话不全说，但是一定不能说假话。

（2）在塑造价值的时候，一定要让客户知道这个福利为什么值得他去领取。

（3）从客户视角描述，比你自卖自夸更有说服力。

这里写到的"看过的家长们都说价值百万，而且他们还打印出来每天都对照着一条一条检查自己是否做到"就是客户视角，而且有场景、有细节，这样更可信。

准备好福利，塑造好福利的价值后，接下来，就是第二步。

第二步，准备好几个不同版本的私信文案

私信文案的准备，需要注意以下5个要点：

（1）做好价值的塑造，这部分在准备福利的环节中已经讲到。

（2）控制好篇幅，让客户扫一眼就能看完，避免长篇大论。

（3）对关键词进行特别的标识，让别人第一眼就能看到。

（4）关注客户的阅读体验，注意分段空行，每段尽可能不要超过3行。

（5）务必给客户下指令，而且是最简单的指令。

比如以下这篇文案：

您好呀，感谢关注与支持！

我把培养我家两个孩子考上清华、北大的实战经验总结成了100条育儿锦囊。

看过的家长们都说价值百万，而且他们还打印出来每天都对照着一条一条检查自己是否做到。

如果你也想要的话，回复我"666"。

准备好文案之后，一定要进行检查，看看是否有违禁词，同时也测试一下，发出去后客户的阅读体验。而且，最好可以用几个不同型号的手机进行测试。因为手机型号不一样，屏幕大小也不一样。要尽可能做到，在每个型号的手机上，阅读体验都是很舒服的。

为什么要准备几篇不同的文案呢？就是要测试每篇文案客户的回复比例。最后筛选出回复比例最高的一个，然后确定下来，作为一对一私信的最终文案。

第三步，准备几个客户回复后的互动文案

你可能会问，为什么不直接在第二个步骤的时候，就直接给客户微信号，引导客户添加微信呢？

因为视频号的私信里有一个功能，如果客户没有给你发私信，你就只能给客户发一条信息。但是，如果客户给你回复了

05 私域运营
从精准的高客单价客户引流到私域变现

一条信息,那你就可以给他发无数条私信。

在第二步里,让客户回复"666"的原因,就是要拿到未来可以给客户发送无数条私信的权益。目前视频号的规则是这样的,但未来也许可能会有变化,我们到时候再随机应变。

当客户回复了"666"之后,接下来,我们就要给客户回复邀请他添加我们微信好友的文案了。这部分需要注意的要点是:

(1)对客户表示感谢。

(2)赞美客户,而且最好是赞美他是一个什么样的人。

(3)给客户下指令,引导客户添加你为好友。

(4)重复一下具体有什么福利。

比如以下这条文案:

感谢您的回复,一看您就是一个好妈妈(或爸爸),很在乎孩子的成长,加我的微信××××,就可以无条件领取100条育儿锦囊。

"感谢您的回复",是对客户表示感谢。

"一看您就是一个好妈妈(或爸爸),很在乎孩子的成长",是对客户的赞美。

"加我的微信××××",是给客户下指令。

"无条件领取100条育儿锦囊",是对福利的重复。

· 223 ·

同样地，这部分文案，你也可以准备几个不同的版本，进行 AB 测试，看哪条文案的加微率最高。哪条加微率最高，就定下哪条作为固定回复的文案，最后形成视频号私信引流的 SOP。

在视频号私信引流这部分，最后还有一个平台规则要提醒你：现在视频号平台规定，每天最多可以一对一私信 200 个粉丝。但是过了每日零点后，就又可以私信 200 个粉丝了。

视频号的私信引流是我们打造个人 IP 的超级红利，赶紧行动起来吧。

如果你的视频号有 10 万个粉丝，假设私域引流的成功率是 20%，那每天你也能从视频号公域导流 40 人，一年下来就是 14600 人，10 万视频号好友导流完是 2 万人。对于做高客单价产品来说，你只要转化 1%，就有非常可观的收益了。

以下是我做视频号私信引流的后台截图，供你参考。

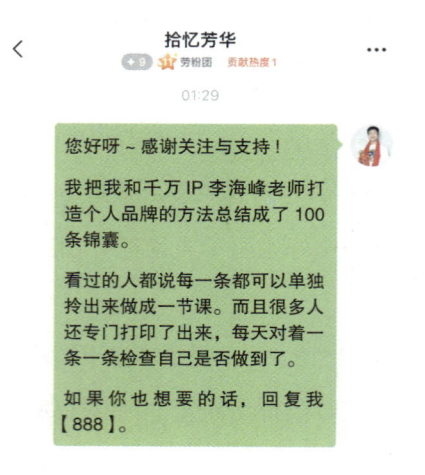

▶ 实体书引流

实体书引流，就是通过自己的书籍来引流。

书籍引流最大的好处是，添加你微信的人往往是精准客户，而且，看过你的书且愿意添加你为好友的人，基本上是认可你的。

因为我们中国人自古骨子里就有铅字崇拜的基因。一个人能出书，我们就会觉得这个人有很深厚的积累，并且是得到了市场认可的。

一个人有没有出过书，对客户来说真的很不一样。

比如，培训师在这方面的区别就很明显。

首先，一个没有出过书的培训师，和一个已经出了书的培训师，在企业内的竞争力完全不一样，而且获得的报酬也不一样。出了书的培训师往往收费会更高，而且客户也愿意付更高的报酬。

其次，出了书的培训师在客户那里是被当作作家来接待的，但是没有出书的培训师，除了可能被当作老师，还有可能被当成销售，因为你就是去卖课的，因此受尊重程度也不一样。

当然，IP 在这方面的区别也会很大。往往出过书的 IP 在产品客单价上，会比没有出过书的 IP 高很多。当然，出过书的 IP 也会更受尊重。

出书还有一个非常重要的好处，就是有了书，你的社交成本都可以降低。比如，我不管去哪里，都带着自己的书去；谁要是来我家，我也是送书。

而且，别人看了我的书，就相当于听了我的课，自动完成成交，这感觉就像是实现了"躺赚"一样。

不过，个人出独著确实是有难度的。但是，如果你问："我就是想写一本自己的书，可不可以？"当然可以，关于写书我也可以给你分享我的一点心得。

我的经验是：

第一，买书，至少买50本与你想要写作的领域相关的书。

第二，列问题，列出你所在领域的客户可能会感到困惑的问题。

第三，向客户发放问卷调研，问他们希望在书里得到哪些问题的答案。

第四，把你想写的书的内容做成两天的线下课，然后边讲边录，再整理成文字。这相当于你有了最基本的腹稿。

第五，多写朋友圈文案。因为写朋友圈文案，就是积累内容。

我经常在朋友圈里写个体创业创富的内容，关于怎么打造好爆款产品，怎么做好个人品牌的定位，怎么做好成交，怎么做好私域社群的运营，等等。

等到我要写书的时候，需要哪部分，我就直接从朋友圈里复制过来就可以了。这就是我快速写出这本书的秘诀。

➤ 交付引流

交付引流，就是前文我们所讲到的交付场就是流量场。

什么是交付场？线下课、线上课、直播都是。不管是引流品的交付场，还是利润品的交付场，想要做好引流，你一定要始终牢记，这些都是流量场。

那到底怎么才能做好交付引流呢？

做好交付引流的方式方法有很多，但无论用什么样的方式方法，本质上都是要把交付场打造成一个"疯传"事件，让人们愿意传播起来。

如何让你的产品、思想、行为像病毒一样入侵？在此强烈推荐你一定要把乔纳·伯杰的《疯传》当成枕边书。

《疯传》一书不仅向我们阐明了传播背后的底层逻辑，也给我们拆解了事物疯传的6大原则：社交货币、诱因、情绪、公开性、实用价值、故事。

出于篇幅的限制，本节内容我只重点跟你分享社交货币在知识付费领域中的实际运用。

什么叫社交货币？

你有没有发现，几乎所有人都希望自己看起来积极向上而非负面消极，聪明非凡而非愚笨平庸，讨人喜欢而非令人生厌。

所以，我们所讨论、所分享的事物，往往偏向于让自己看起来更优秀、更美好、更与众不同。

而社交货币，就是利用人们乐于分享使自己的形象看起来更好，而回避那些会让自己或他人显得不堪的事情或内容的心理特质，来塑造产品或思想，实现口碑传播。

比如，线下课堂上我们给学员拍摄的美美的照片，就是社交货币。

学员会因为想要向他的朋友们展示他是一个积极向上、勤奋好学的人，而转发照片。他的朋友们看到后，会给他点赞，给他评论，给他肯定。他也会因此获得心理上的奖励。

而学员分享的照片上又有你的公司的 LOGO、课程信息和微信二维码，他的朋友看到后，可能会扫码添加你为好友，或向他咨询你的产品。

因为转发照片产生连接，引发咨询，这就打通了引流裂变的关键一环。

而且往往，一个付费客户的身边，很可能至少有 3 个我们的潜在客户。所以，通过社交货币，引发客户的传播和裂变，就可以把这些潜在客户吸引过来。这也是我们获取客户的成本最低的一种方式。

不过，线下课的社交货币类型，光是照片就有很多种。比如，物料拍摄、个人形象照、与大咖老师的合影、小组合影、班级合影及课程现场的抓拍等。

当然，社交货币除了照片的形式，还有我最喜欢的精美海报。

海报的类型也有很多，在本节末尾我会给你列出一张打造社交货币的总表，未来你按照自己的实际情况运用即可。不过，在这里，我重点给你分享 3 种海报类型，分别是专属海报、热点海报和金句海报。

专属海报

比如给学员做的带有自己照片和名字的入学海报。这样的专属海报主要是给学员打造一种专属感，让学员感受到 VIP 级别的尊贵感和自豪感。他拿到海报后，可以自发地在朋友圈里传播起来。因此海报一定要做出非常高级的效果，要让他转发起来，觉得很有面子、很上档次。

DISC+社群的这款"我和我的社群"的主题海报，就是基于这样的原则设计的。

这款海报的颜色不仅非常高端大气，而且海报上也有我们学员精美的照片，学员的背后还有我们社群内各种耳熟能详的大咖的名字。不仅寓意着你"背后有人"，还暗示你跟这些大咖都是同学，你跟他们都在学习同一个课程，你所在的社群、所在的圈子很厉害，而你也很厉害。

如果你看到自己有这样的海报，你会转发到朋友圈里吗？我想，大多数情况下，你是会的。因为海报上的每个点，都是

05 私域运营
从精准的高客单价客户引流到私域变现

为了满足你的"虚荣心"和"自豪感",都是为了让你"晒"得有面子。

看到你的海报的人会不会给你点赞,给你评论,跟你互动,甚至会引发他们的咨询?当然会。

热点海报

热点海报是结合当下节假日和热点事件所做的海报,目的是蹭热点。因为,热点本身自带传播和话题属性。

下面这两款海报——教师节海报和情人节海报,就是教师节和情人节临近的时候,我们结合DISC+社群的调性所设计的。

这里非常重要的是海报上的文案。第一，一定要触发他人的情绪，因为只有触发人们情绪的事物才会得到传播。第二，你在海报上所写的文案，一定要跟你所在的社群，或是 IP 的调性相关。

金句海报

金句海报是把你的课程金句做成海报。比如以下这些：

这类海报,有两个注意要点:

(1)金句,要么触动情绪,要么突破认知,还要让别人看完后,忍不住连连点头,并发出"我的天,真是这样的,好有道理,确实如此,原来我一直都是错的"的感叹。

比如,以下这些金句,每一句都妙不可言。

精通:很多人的问题是知道得太多,精通得太少。

目标:要想做好时间管理,就先做好目标管理。

成长:成长最快的方式,一定不是不懂就问,而是不懂时想一想再问。

勇气:勇气不是不害怕,而是哪怕害怕也要继续走下去。

遗憾:人生最大的遗憾不是"我做不到",而是"我本可以"。

效果:决定效果的,不是你喜欢的方式,而是对方喜欢的方式。

远方:一个人可以走得很快,但一群人可以走得更远。

感恩:滴水之恩,当涌泉相报。涌泉之恩,习以为常。

成事:大多数人之所以没有达成目标,是因为在一开始的时候就没有目标。

……

在此，我给你准备了 100 条金句，如果你想要的话，欢迎与我连接，备注"金句"即可。

（2）配图，一定要跟金句的内容相关。

文字会激发情绪，但是图片会放大情绪。而且很多时候，图片还能给人更大的想象空间。因此，如果图文相得益彰，就能引发客户更大范围的传播。

（3）做海报的目的不仅是传播，更重要的是要促成成交。

一定要在海报上附上你的产品二维码，同时，一定要把你的产品卖点提炼出来放在海报上，让别人一看，就忍不住扫码。

比如 DISC+ 社群讲师认证项目的卖点有：

圈子：万元课、5000 多位同学圈子。

变现：14G 可变现的课程资料。

出书：一本持续放大影响力的合集。

提炼卖点，请你一定要关注以下这两个要点：

（1）卖点是客户想要的利益点。

卖点是客户想要的利益点，就是我们前面讲到的，客户不关心你的产品是什么，只关心你的产品可以帮他解决什么问题。

（2）数据化你的卖点。

数据化你的卖点，就是一定要量化你的卖点。因为只有这样才能给客户确定性。有确定性，才有吸引力、销售力。

以上，就是打造社交货币中设计精美海报的相关内容。最后，我把社交货币的所有类型都列了出来，在以下表格中，供你参考。

社交货币的种类

• 物料拍摄 • 学员精彩瞬间 • 个人背景照片	• 小组照片 • 死党照片 • 小天使照片	• 大咖合影 • 证书照片 • 个人形象照
• 导师海报 • 入学邀请函 • 复训邀请函 • 主题海报 • 祝福海报	• 助教形象海报 • 城市助攻海报 • 开班倒计时海报 • 热点海报 • 打卡海报	• 封班海报 • 大咖海报 • 礼品海报 • 表彰海报 • 卖点海报
• 优秀作业	• 视觉呈现	• 金句海报

如果你想要强力干预和扩大传播，还可以设计一些活动规则。

比如在线下课中，你可以设计一些小组加分项，只要学员转发课程消息到朋友圈，其所在的小组就可以加10万分。发得越多，加分就越多。最后赢得第一名的小组，还可以得到丰富的礼品奖励，这样，大家就会有更强的转发动力。

这就是"交付场就是流量场"。

但不管怎么样，社交货币也只是引流的杠杆，而交付的满意度才是客户愿意传播的根本。所以，想要有好的口碑传播，交付时一定要诚意十足，让客户有强烈的获得感。

社群运营：如何打造一个自运转、高变现的社群

随着私域深入人心，越来越多的人意识到了做社群的重要性。可以说，没有社群，就没有私域。

但到底什么是社群？社群就是拉个群卖东西？社群就是在群里不断发广告？

做社群有什么好处？怎样才能用社群来推动业绩的增长？又怎样才能打造出一个自运转、高变现的社群呢？

接下来都会一一拆解。

▶ 为什么要做社群

社群是一群人的集合，把你的客户放到社群里，至少有以下 3 大好处。

提高初购率

初购率就是第一次购买的比例。

如果你有实体店,客户进入你的店里,没有买东西,但是,你把他加到了你的社群里。经过你的社群运营和营销,那他就有可能会购买你的产品,这就是提升了你的初购率。

但如果你没有把他加到你的社群里,他可能会永远流失掉。

如果你是做知识付费的,你的微信就是你的实体店,把客户加到你的社群里,你就多了一条可以触达他的途径。每天经过你的分享和运营,他对你的认可度提升了,等哪天你发售了,他就有可能会购买你的产品,你的初购率也会得到提升。

提高复购率

复购率就是客户再次购买的比例。

做社群,其实就是为了维护好客户关系,实现客户复购,打造客户的终身价值。

就像李海峰老师,做了 DISC 课程之后,就把他所有的付费客户都放到了社群里。通过社群的维护和运营,实现了客户的多次复购。光是我和聪聪老师,在 DISC+ 社群里,就参加了不少于 10 个包班课程。

降低营销成本

做社群，在提高初购率和复购率的同时，也能够降低营销成本。

想要让客户付费，你就得触达客户。广告投放就是为了触达客户，告诉客户"我是谁，我可以帮你解决什么问题"。

但如果你有社群，你就不需要再通过广告投放来触达客户，通过社群你就可以实现对客户的触达，并且是免费的触达。

➤ 什么是社群

做私域，就得做社群。社群不仅仅是用来提高初购率、复购率和降低营销成本的，很多时候，社群本身就是产品的一种交付形式。

开线下课，我们建一个社群；打造一个圈子，我们建一个社群；办线下活动或沙龙，我们也要建一个社群……

那到底什么是社群呢？

社群，首先是一群人的集合。

没有人，就没有社群。但是只有一群人还不够，这群人至少还得有一个核心的共同点。

比如，都学习了 DISC 课程，都参与了出版项目，又或者都喜欢徒步……这个核心的共同点，就是这个社群互动最多的话题。

但做社群，有了一群人，有了核心的共同点，依然不够，还得有高频的互动，以及价值输出。

高频的互动，就是高频的交流。只有交流才有价值，只有交流才会产生交易。

价值输出，就是想要客户把注意力放在社群里，要么可以让客户得到，要么可以让客户学到，也就是要满足客户参与社群活动的动机。

但是任何社群都有生命周期。尤其是只要你停止成长，只要你无法提供更多的价值，你的社群就会陷入沉寂，甚至消亡。

总的来说，社群，就是基于某个核心的点聚集在一起，产生高频交互并创造价值输出的人群。

一个好的社群应该具备什么样的特点？

想要打造一个好的社群，我们就得知道，一个好的社群需要具备什么样的特点。

我做了一下总结归纳，发现一个好的、有影响力的社群，至少要做到以下两个方面：

（1）满足客户的情感需要。

（2）满足客户的价值需要。

客户的情感需要，就是社群要有温暖，有热度，有参与感，有归属感，有仪式感，有红包，等等。

客户的价值需要，就是社群要有干货，有信息差，有人脉，有合作共赢的机会，等等。

如果把社群按照低情感低价值、低情感高价值、高情感低价值、高情感高价值，分为 4 类的话，你可以看看你的社群属于哪个类别。

人们往往会因为价值进入一个社群，但会因为情感而留在一个社群。

➤ 社群的引流

人是社群运营的核心，没有人，社群运营就无从谈起。那到底怎么才能把客户吸引进社群呢？

引流品的打造

最直接的方式就是打造一款引流品。我先给，我先利他，给客户想要的。比如，做一堂免费的公开课。

打磨公开课，有两个核心要点：课程大纲的打磨和福利品的包装。

课程大纲的打磨，就是为了让客户一看就有扫码进群的冲动，让他可以学到。福利品的包装，就是利用人们贪便宜的心理，让人们进群就可以零门槛获得高价值的赠品。

第一，课程大纲的打磨。

课程大纲，其实就是解决问题的大纲。

比如，社群运营的课程，是解决怎么通过社群来完成变现和业绩增长的问题；爆款短视频课程，是解决怎么打造爆款短视频来完成涨粉和流量变现的问题；直播变现课程，是解决怎么提升直播间在线人数来完成直播间变现的问题……

任何一个大问题的解决，都可以按照结构思维，拆解成多个模块的小问题。

课程大纲的打磨方法，其实我们前面已经讲过，就是用好产品打磨表即可。

只要你按照这5个步骤严丝合缝地执行下来，相信你一定能做出非常有吸引力的公开课大纲。

（1）明确这次公开课你要帮客户解决的问题。

（2）围绕你要帮客户解决的问题，拆解成小问题。

（3）针对每个拆解出来的小问题给出解决方案，尽所能做到每个问题用3个步骤或3个方法来解决。

（4）把客户解决这个问题后可以获得的利益点拆解出来。

（5）根据你要解决的问题、给出的解决方案、客户可以获得的利益点，进行大纲的整理和包装。

这5个步骤不仅是产品思维在课程大纲上的运用，更是营销思维的直接落地。

第二，福利品的包装。

福利品，就是直接告诉客户，进群后你除了可以学习到干货内容，还可以马上获得什么福利，目的是满足客户"扫码进群"的动机。

因此，不管是什么福利，你都要尽所能做到吸引力十足，而且要想一想，这个福利是否是客户即便要付费都想要得到的。如果是，那你这个福利品的包装就成功了。

一般来说，实体福利品比虚拟福利品有吸引力。

比如，只要你进群，我就送给你一本实体书，给你包邮到家，这比送你一份电子文件更有吸引力。

因为实体书是可以看得见摸得着的，客户的获得感会更强。当然，这还要考虑你是否有相应的成本预算。

不过，即使是送电子文件，你也可以送出实体福利品的感觉，技巧就是把虚拟福利品"实体化"和"可视化"。

电子文件的实体化和可视化，就是把它设计成实体书的封面的形式。一定要标识好最后送的是"电子书"，否则，很容易引发客户的投诉，这就非常得不偿失了。

虚拟产品的实体化和可视化，就像我们的这个"个人品牌锦囊100条"，供你参考。

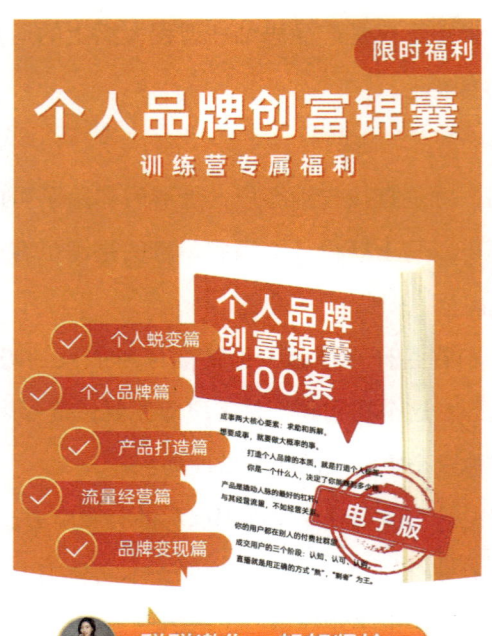

同时，非常重要的一点是，你在设计福利品的时候，一定要对福利品进行价值塑造，能显性化的就显性化。因为人都认为眼见为实。

当然，社群引流，除了设计好福利品，还得设计好引流的模式。

社群引流模式

社群引流模式，可以是单纯地从你的私域进行引流，也可以是私域引流＋裂变的模式。而且，你还可以设计成裂变中的裂变，我把这种裂变模式叫作局中局裂变。当然，我们还可以做更多的附加品。但在这里，我们先把这个局中局裂变的路径拆解完，后面我们再探讨附加品的问题。

局中局裂变模式的具体路径如下：

客户扫码进群—引导客户添加你为好友领取福利—告知客户转发朋友圈还可额外获得更高价值的福利—邀请客户转发后接龙—邀请接龙的客户进入"影响力大使群"—群内引导客户再度转发获得阶梯福利

首先，客户扫码进群。

客户扫码进群，就是客户通过公开课海报，扫码进群。

客户扫码进群后，就会触发群内的自动欢迎话术，当然，你也可以根据客户进群的速度和节奏手动发送话术，但最好是自动发送，毕竟你没办法做到24小时实时在线。

发送欢迎话术，主要有3大目的：

目的一，欢迎客户进群，并针对公开课海报上承诺给大家的福利，进行交付说明。同时引导客户添加你为好友，把客户引流到你的私域里。这样，你后续既可以做完课的监督，又可以把客户留在私域里做长期的影响。

目的二，告知客户，转发指定图片或文章到朋友圈，截图发回群内，还可获取更高价值的福利。但凡要发福利，都请务必记住，一定要做价值的塑造。除非这个福利不用介绍，大家都知道其中的价值。

目的三，邀请客户转发后进行接龙。

之所以邀请客户接龙，就是要形成群内的从众效应。让所有人看到，这么多人都转发了，自己不转发都不好意思。

以上，就是客户扫码进群欢迎话术里要完成的3大目标。

客户转发后，在群内发回截图并接龙，这时候，你就要把用户邀请进影响力大使群，在影响力大使群里继续裂变。这就是局中局裂变。其中，最关键的就是引导客户添加你为好友，尤其是已转发的客户，然后给他们统一做好标签管理。

邀请客户进入影响力大使群后，接着你就可以发送提前准备好的关于阶梯福利的文案，再次做裂变的邀请。为什么可以这样设计呢？

第一，第一次就愿意帮你转发的人，代表他是不排斥你的裂变方式的；第二，愿意帮你转发一次的人，往往也愿意帮你转发第二次、第三次，甚至更多。

因为如果人数太少，在影响力大使群中就很难形成从众效应，拉动局中局的裂变。所以，做局中局裂变是否能成功，关键点就是是否能快速建起100人的影响力大使群。

尤其是，如果裂变开始后 30 分钟内，你就能快速建起拥有 100 人的大使群，那就会形成"黄河之水天上来"的势能。局中局裂变，势必就能成。

怎么才能做到呢？取决于两个关键因素：

第一，你的基本盘。

所谓基本盘，就是你的公开课海报发出时，第一波能覆盖的人数，以及一开始就愿意为你助力的盟友规模。

但是，如果你的基本盘不够，怎么办？

这就是前面我们聊到的，你可以在局中局裂变的基础上做附加。所谓附加，是指你可以在前期，先招募影响力大使，形成分销的利润共同体。先期招募过来的影响力大使，但凡通过他进群的客户买了后端的产品，你都可以按照一定的比例来给他分佣，这就是分销的利润共同体。

第二，你的福利设置。

如果你的局中局裂变福利价值很高，足够吸引人，那就会成为你局中局裂变的推进剂。

最后，还有一点要提醒你，就是局中局裂变引流的玩法，用多了可能效果就没那么好了。因为人们可能对你这种模式产生审美疲劳。但如果，你后续还可以引进源源不断的新流量，那就可以持续使用。

社群引流，除了单纯的公开课引流，其实还可以运用分销裂变的模式。即一开始群成员就不能免费进入，而要付费进入。

我们之所以做这样的设计，第一，为了获得更大的流量；第二，毕竟客户是付费进群的，对于我们后期的运营难度也会降低很多，课程的在线率也会比完全没付费的人高很多；第三，可以激发更多人分享的动力。

当然，想要做好一个公开课程的裂变，最重要的还是刚刚我们说到的基本盘。一开始的时候，你有100个人帮你传播，和你有1000个人帮你传播，效果是完全不一样的。

但大家现在对这种模式也是心知肚明了，知道你后端肯定会有高客单价成交。所以现在这种前端低客单价的模式，客户也已经审美疲劳了。

不过，如果你问我，局中局裂变和分销裂变，哪个效果更好？如果你没有用过局中局裂变，我推荐你使用这种模式。

➤ 社群的运营

社群的引流，是为了解决流量的问题。

到底什么是流量呢？本质上，流量是指客户的时间和注意力。如果客户加入了你的群里，但他的时间和注意力都不在你这里，那他就不是你的流量。只有他的时间和注意力都在你这里，他才是你的流量，或者叫有效流量。

而社群运营，就是为了留住客户的时间和注意力，最终实现变现。具体要怎么做呢？接下来，我会跟你分享3个方面的内容，分别是社群的激活、社群文化的打造和社群的变现。

社群的激活

社群的激活，可以说是对社群成员的激发和唤醒。一个死气沉沉的社群，是没有任何商业价值的。要想实现社群流量的变现，社群必然是要有活跃度的。

一个客户活跃在社群里，可能会有多种表现形式。比如：

他可能会在社群里提问，在社群里发红包，在社群里回答他人的问题，在社群里分享自己的学习笔记，在社群里给别人点赞，在社群里积极响应你的活动……他还有可能在社群里质疑你、挑战你。

这些都是客户在社群里活跃的表现形式。

当然，我们都希望客户在社群里的表现是正向的、加分的，而不是负面的、减分的。关键在于社群文化的打造，有正向的社群文化，就会有正向的客户行为。后文中我会跟你分享怎么来打造社群文化，这里我们先聚焦于怎么激活社群。

激活社群的方式也有很多，短平快、直接高效的，首推发红包，尤其是发"红包雨"。除了发红包，你也可以设计一些社群的活动，比如抢答、抽奖、福利赠送、接龙、拍卖、主题分享等。

每种方式我都用过，且每种方式我都用得炉火纯青。也许会有人说，我也都用过，但总是有卡点。

比如发红包，很多人可能会困惑：我也发红包，但还是没有人跟我互动，问题到底出在哪里呢？

再比如，我也做接龙，但总是接不下去，很尴尬，为什么呢？

还有，群内的讨论和互动，总是等好久也没有人回应，到底是怎么回事呢？

还记得我们前文中讲的行为公式吗？

行为＝动机＋能力＋提醒。

想要一个人做出某种行为，你就得满足他的行为动机，降低对他的能力的需要，以及给他提醒。

现在，你就可以用这个公式，一一检查你所有出问题的社群激活动作，看看是哪个环节有所缺失。

比如，发红包，看起来是满足了客户的行为动机，但是不是别人抢完后，发现只抢到了一分钱一个的红包呢？如果是的话，你这就是诚意不足，而且会给别人留下你很小气的印象。

既然要发红包，那就要发出效果。否则发完后，效果没达到，还适得其反，得不偿失。关于发红包要注意的要点，在前文的内容中我已经做了详细的拆解。

05 私域运营
从精准的高客单价客户引流到私域变现

你有没有发现,有的时候,发了红包别人就只是抢红包,但是却没有跟你互动。为什么?

其实不是别人不愿意跟你互动,而是你没有给别人跟你互动的机会。

我每次发完红包,如果想要别人跟我互动,我就会在红包上写上"在线的回复'1'""准备好了回复'666'""有收获回复'888'"……

这其实就是对别人的一个提醒,也是降低别人参与互动的难度。

但对于一个沉寂很久的社群,如果我们想激活它,一上来发红包是没什么效果的,那要怎么做呢?

在发红包之前,我们还得完成对客户的"触发"。

触发,就是要告诉客户,我要在哪里做什么事情了,你赶紧来参与,你会得到什么好处。

群公告是一种很好的触发方式。当然,最高级的触发还是一对一群发。

一个沉寂很久的社群,如果你能给这个群里的客户都打上标签,在做活动之前,你一对一地给所有人发信息,做好信息的传递,那大家的参与度可能就会高很多。

比如,你在发群公告的同时,给每个客户都发一段这样的文案:

· 251 ·

红包雨来袭，今晚8点，就在×××群，还有价值万元的最新款的手机抽奖，想要参与，并在开始前需要一对一提醒以免错过的"老铁"，回复我"666"。

我相信，这样一来你的社群肯定就能激活起来。当然，有人可能会说，我们没有最新款的手机怎么办？你总可以找出客户想要的高价值福利吧？如果没有，那说明你停止了成长。

这就是触发。触发，就是要满足客户的行为动机，要做好信息的传递。

除了发布群公告，除了一对一地群发，你还可以做的就是，让客户在群里相互触发。

比如，发布群公告的时候，让所有人在群里接龙回复"今晚8点不见不散"。你也可以设置对接龙回复的奖励，如"接龙回复送价值万元的××锦囊100条"。这样大家回复接龙的积极性就更高了。

不过，你在包装福利的时候，不要只是包装，而是还要真的做到，让别人觉得物有所值。

线下课程，尤其是第一天，你想提醒大家不要迟到的话，也可以用相互触发的方法。聪聪老师提醒所有人的消息是这样设计的：

05 私域运营
从精准的高客单价客户引流到私域变现

各位亲爱的贵友，大家好呀！

以下开课信息，辛苦大家查收。

1. 明早 8：30～9：00 签到，9：00 正式开课。

2. 签到时直接领取自己的桌牌即可。

3. 座位先到先得，建议尽量和不认识的同学坐在一起。

4. 工作日上班高峰期可能堵车，大家可以安排尽早出门。

5. 明天依然可能下雨，记得带伞。

6. 教室内空调温度较低，记得带外套。

7. 住在××酒店的同学 9 点前可以去前台拿早餐。

以上，收到请回复：学习我是认真的，9 点前必到，明天见呀！

这里的核心要点是，你要降低大家参与的难度。所以，你若想要大家在群内接龙，那你可以先回复，让大家直接复制粘贴即可。

触发之后，客户可能就会有所行动。接下来，我们要做的事情，就是要注意对方在群内的一举一动，而且给予及时的正向反馈。

及时的正向反馈，就是你想要客户有什么样的行为，你就鼓励什么样的行为。

比如，你邀请大家在群内回复了"666"或者是"888"，有人回复了，那你可以双击他的头像"拍一拍"他。

你也可以很用心地对他的回复表示感谢。

比如，你可以说：

"感谢你的回应，你真的是在给大家示范什么叫作越参与越有收获，一看就知道，不管在什么社群里，你肯定都是最受欢迎的人，而且肯定也是个大宝藏。强烈推荐所有"老铁"，都一定要添加××老师的好友，跟他交朋友。"

你想要大家互动，你就鼓励大家积极参与互动。

而且，你也在奖励积极互动的行为，推荐所有人跟他连接。你还可以在群里发红包，推送他的微信名片。这就不仅是看见，还帮他扩大影响力。

群里其他人看到你这样做，是不是也会积极响应你？毋庸置疑，因为他们也想要得到你的推荐。

给予了客户及时的正向反馈，当你再次发起新的触发活动时，客户也就会更积极主动地参与进来，接着，你再给予及时的正向反馈……直到形成正向循环。

这就是激活社群的模型。

触发—行动—及时反馈—触发—行动—及时反馈……

```
          触发
          /\
         /  \
        /    \
       / 行为公式 \
      /          \
     /_____\
  及时反馈         行动
```

激活社群的模型

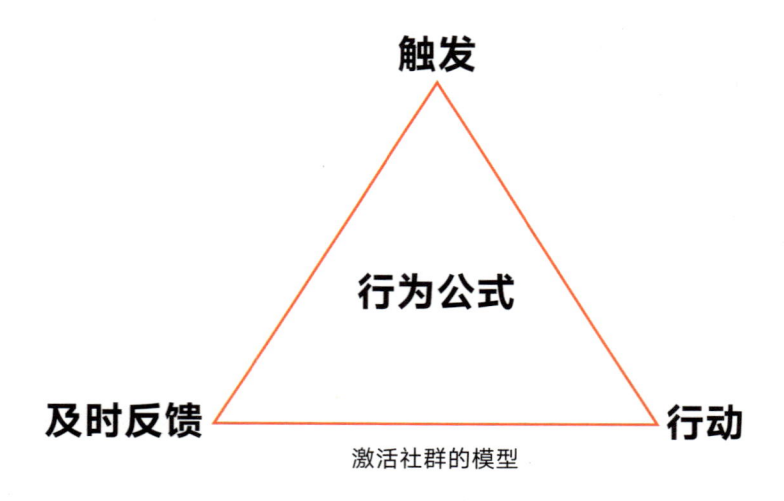

在这个模型里，你再把行为公式套进去，你就能随时随地做到让这个社群活跃起来。或者说，你想把客户的时间和注意力留在你这里，就能做到让他们的时间和注意力留在你这里。

有了激活社群的模型，接下来，我再分享一个帮你打开客户的话匣子，让客户与你聊天聊到根本停不下来的工具，这个工具就是"问答赞"。

当你跟别人互动的时候，你可以先提出一个问题，对方回答你之后，你先赞美一下，然后再去问下一个问题。如此这般，循环反复。

比如，你看到一个客户刚进群，注意到她的头像是她和女儿的合影。你就可以主动与她互动。

问:"哇,你的头像是你和你女儿的合影吗?小女孩长得可真好看呀!"

答:"是的,没错,是我女儿。"

赞:"哇,一看就知道你平时很在乎对孩子的陪伴,你可真是个好妈妈。"

问:"在带娃方面,我相信你肯定有独到的见解,有什么秘诀可以跟我们分享一下吗?我们群里也有很多爸爸妈妈,他们肯定也很期待。"

对方回答,你接着赞美她;再问,对方再回答,你再接着赞美;再问……如此循环。

当然,"问答赞"中的问,不一定是你发起的,对方发起也是可以的。那就是对方问,然后你先赞一下,再回答;接着你可以发问,对方回答,你再赞;再问……反复循环。比如:

有客户在群里问:"过两天就开课了,广州的天气怎么样呀?"

你可以先赞:"哇,一看就知道你是懂得未雨绸缪的。出门上课,就是要先了解天气状况,这样好选择出行的方式。广州这段时间暴雨天气比较多,建议你乘高铁出行。如果时间允许的话,你可以提前一两天到广州,先逛一逛,就当作是给自己放个假。"

接着再问:"对了,你之前来过广州吗?"

然后对方答,你接着赞,再问,再答……不断循环。

还有,"问答赞"一开始并不一定要有问,而是你可以先赞美对方,然后问,对方答;你接着赞,再问,再答……

比如,你看到有客户在群里分享了他听课后画的思维导图。

你可以先赞:"你这幅思维导图,不仅把老师分享的内容结构拆解得非常清晰,而且记得也很详细,并且每一部分都写上了自己接下来的行动计划,你真的是从学到到做到的绝佳示范呀。"

然后问:"可以分享一下,你是怎么做到的吗?"

然后对方答,你再赞,再问……不断循环。

这就是"问答赞"。

但凡你用"问答赞"的方式跟别人互动,别人很快就会喜欢上你,因为没有人不希望得到对方的回应和肯定。

同时,用"问答赞"也会让对方更容易打开话匣子,更愿意在社群里聊起来。大家聊起来了,社群就被激活起来了。

"问答赞"不仅仅可以应用在社群的运营上,在生活和工作

05 私域运营
从精准的高客单价客户引流到私域变现

的方方面面都用得到。比如,今天你的下属来给你交一份报告,你就可以跟他进行一次"问答赞"。

赞:"很高效呀,而且不管是报告的内容还是格式,这次都远远超出了我的标准,说明你平时真的在努力工作,谢谢你的付出。"

问:"这周末过得怎么样啊?你不会是把工作带回家了吧?"

答:"是的,就是想着周一就能向您交差,担心您急用。"

赞:"一看就知道你是一个很有责任心的人,但也要记得陪好家里人,有什么需要我支持的,随时跟我说。"

问:"对了,你这个星期的工作计划做了吗?"

……

这就是"问答赞"的不断循环。

在工作中,当你真的把"问答赞"运用起来,你就会发现,你和同事之间的关系会变得越来越好,大家的工作热情和忠诚度也会变得越来越高。

在生活中,你要是也能把"问答赞"运用起来,你就更会发现其神奇之处了。因为,它不仅可以帮我们修复与亲人、朋友间的关系,也会让我们减少很多矛盾,让我们的关系,不管是夫妻关系还是亲子关系,或是婆媳关系,都能变得更加和谐。

但问题就是，很多人并不知道怎么去赞美别人。到底要怎么赞美别人，才会让别人觉得你是真诚的呢？推荐你使用以下3个方法：

第一，抓住细节赞美。

怎么赞美才能让别人觉得你不是油嘴滑舌，不是夸夸其谈，而是真心实意的呢？最好的方法就是抓住对方身上的细节进行赞美。

比如，你可以说：

今天你的口红颜色真好看呀，跟你的肤色真的很搭。可以跟我分享一下是什么色号吗？或者可不可以把链接发给我，我也想买一管。

在社群里，也可以如此夸学员。

比如，有一个客户经常在社群里帮助你回答学员的问题，那你就可以夸他：

我真的是太佩服你了，你不仅针对大家的问题给出了你的解决方案。而且，我发现你在编辑文字时，每3行文字你就注意隔段空行，这样给别人带来的阅读体验真的超级好，这些小细节真的不是一般人能做到的。

这就是夸细节。夸别人身上的细节，会给别人一种"哎呀，不错哦，你懂我"的感觉。

第二，赞美对方的品质。

比如，当你看到有人在社群里积极提问，那你就可以夸他：

一看就知道你是一个非常好学的人，而且你提的问题也很专业，说实话，不是做足了功课、真的想学习的人，是提不出来这么多问题的。

赞美对方的品质，最容易的就是赞美对方是一个什么样的人。

再比如，有客户给你付款了，你也可以夸他：

我真的超级喜欢你这种付款很爽快的人，一看就知道你做事情时，只要是你认准的，就不会拖泥带水。李海峰老师说，"你赚不到行动之外的钱"。你今天就用行动加深了我对这句话的理解。

赞美对方的品质，核心就是夸他是一个什么样的人，比如一个目标感很强的人、一个很有格局的人、一个很在意陪伴孩子成长的好妈妈……

第三，通过请教的方式来赞美。

比如，你看到有人在社群里听完课程后，就做了详细的学习笔记，你就可以夸他：

这么详细的学习笔记，你是怎么在一边听课的时候一边整理出来的，真的很高效呀，赶紧教教我你是怎么做到的。

再比如，有人在群里说，他学习后只用了5天就赚回了学费，那你就可以夸他：

你行动力也太强了，你真的是创造了我们班赚回学费的最快纪录了，赶紧说说你是怎么做到的。我已经准备好笔和本子了。

通过请教的方式来赞美他人，其核心就是先赞美对方，然后用一种请教的姿态咨询对方，问他是怎么做到的。

这种方式为什么管用呢？因为大多数人都好为人师，只要他有点成就，总是愿意跟别人分享。而你又鼓励和放大了他分享的欲望，所以这种通过请教来表达赞美的方式，会让别人很上瘾。

最后，做一个温馨提示，要用好"问答赞"，务必注意以下

3个要点：

（1）赞美，一定要真诚又真实。

（2）提出问题，要始终保持好奇心，而不是无中生有，为了提问而提问。

（3）提出问题的时候，尽可能使用开放式的提问，这样更有助于对方打开话匣子。

以上，就是跟你分享的"问答赞"的内容。"问答赞"看起来是一种套路，其实更是一种修养。

社群的文化打造

什么是社群文化？

一个民族有一个民族的文化，一个地区有一个地区的文化，一个公司有一个公司的文化，一个社群也有一个社群的文化。

文化可以超越时空，可以跨越障碍，可以帮助我们塑造对自我身份的认同感。文化的重要性不言而喻。但大家往往可能忽略了一个起点性的问题，那就是：

文化到底是什么？文化的定义是什么？

余秋雨先生在他的著作《中国文化课》里对文化是这么定义的："文化，是一种成为习惯的精神价值和生活方式。它的最终成果，是集体人格。"

"人格指的是一个人的生命格调和行为规范。集体人格，是指一批人在生命格调和行为规范上的共同默契。这种共同默契不必订立，而是深入潜意识之中，成为一种本能。"

对此，我深表认同。

因此可以说，打造社群文化，就是在社群中形成生命格调和行为规范上的共同默契。比如，让社群成员都认同和身体力行以下理念和价值观：

1. 利他就是最好的利己。
2. 我们要增加的是给的能力，而不是要的习惯。
3. 资源的价值，使用大于占有。
4. 不为失败找借口，要为成功找方法。
5. 什么都可以变，但做个好人，绝对不能变。

……

怎样才能让社群成员都认同这些理念或都形成这些共同的价值观呢？换句话说，怎样才能打造出你想要的社群文化呢？

第一，社群群规。

无规矩不成方圆。社群文化的打造，可以从大家都不得不遵守的社群群规开始。制定社群群规，就可以把社群文化强制植入其中。但这种"强制植入"，不是强迫对方接受，我们要做的是让所有人都喜闻乐见和欣然接纳，而不是引发冲突和疏离。

我自己做过很多社群，也看到过很多社群。大多数的社群群规都是长篇大论，以及写满了一系列的"禁止"，这也不能干,那也不能干。

这样的"禁止"会给他人带来一种不舒服的感觉。而且很多时候,"坏"行为其实是无法禁止的。但我们可以换一个角度,用倡导好的行为和相互认同的理念来代替对"坏"行为的禁止。

比如,我的社群群规有"3个凡是":

1. 凡是红包都必抢。

2. 凡是学习都输出。

3. 凡是同学都结识。

我为什么写的是这3个"凡是"?因为我想在我自己的社群里塑造出社群的红包文化、输出文化和连接文化。

如果你还想要增加别的文化,也是可以的。

在一个社群里,我们常见的社群文化,基本上有这9类:学习文化、分享文化、连接文化、红包文化、利他文化、输出文化、行动文化、榜样文化、版权文化。

你想要什么,你就鼓励什么、倡导什么。社群群规,就是一个你可以"强势"倡导的方式。

但具体怎么设定自己的社群群规呢?我做了9年的社群,摸索出了以下这4大原则,供你参考:

原则一,容易执行。

比如"3个凡是"之中,哪一个不是特别容易执行的?哪一个不是特别容易记住的？

而且，相对于禁止某些行为，我更喜欢的是鼓励大家做出好的行为。

原则二，在限制中给予最大的自由。

一个好的社群，绝对不是在各种条条框框下建立起来的，而是在开放的环境和场域中共创出来的。

李海峰老师的 DISC+ 社群就是如此。没有员工，没有分销，没有返利。8 年时间，5000 多位毕业生，每个人都是社群的主人，每个人都在社群里自愿自发地贡献自己的力量。

DISC+ 社群有什么特别的群规吗？如果说有，那就是李海峰老师所倡导的理念："利他就是最好的利己""我们要增加的是给的能力，而不是要的习惯""不要等到很厉害才开始，而是开始了才很厉害"……

我记得非常清晰的一点是，当我们广州群主张智豪老师把开班的流程整理成 SOP，发放给大家作为执行手册的时候，李海峰老师直接让他收了起来。他说："有 SOP，可以保证大家做到 60 分，但是没有 SOP，大家就有机会做到 90 分。"

因为他想要的就是"无规则"下的共创，想要的是每个人"差异的力量"。就是因为这些，才有了自组织、自增长的 DISC+ 社群。

在社群里，我们都希望大家积极互动，分享自己的经验，输出自己的所学……都不希望大家在群里发泄负面情绪，没有节制地发广告，甚至带有人身攻击地争吵……

但这些，我们都不会说"你不可以做"，而是鼓励我想要你做的。当正向的行为多了的时候，负向的行为就没有了生存空间。

但是，如果真的出现了你不希望出现的行为，你该怎么办？

回应的基本原则就是"同意+消解"。

同意，是指尽最大的努力，用全部的善意，正向理解他人的行为动机。消解，是指保有自我立场，客观地陈述自己的观点。

比如，要是有人发广告，你就可以这么回应：

×××老师你好，非常感谢你在社群里传递的信息，相信有需要的小伙伴会从中得到应有的价值和启发。同时，温馨提示，我们社群的默契是以讨论×××主题为主。其他信息和链接，往往会被归为广告。因此，想特别提醒你，如果你下次还想发这种类型的信息，可以私信我，我看看怎么帮你宣传，让更多有需要的人看到。

这样的回应方式，就会让别人感觉很舒服。对他来说，不会感觉到被冒犯。我们也正好可以利用这个机会，做好社群内的价值引导和社群文化的打造。

任何一件事情，我们都要努力把它变成一件好事。对于群成员发广告也是如此，虽然是坏事，但我们也要让其他人在看到我们的回应后，感受到我们的开放和格局，让他们更愿意维护我们，愿意跟我们长期在一起。

"同意+消解"这种回应方式，有3个特别需要注意的要点：

（1）要先肯定他的价值，相信他传递的内容对他人是有正向帮助的。

（2）消解的时候，使用"同时"，而不是"但是"。因为但凡你用"但是"，别人的第一感受就是你前面的铺垫都是虚情假意，你真正要表达的就是"但是"后面的意思。

其实，在日常生活中也是如此。就像有些人难得夸一下别人，偶尔夸一下后接着就来一句"但是"。不说"但是"还好，一说"但是"往往会让人火冒三丈，甚至引发激烈的冲突。

而如果你用"同时"的话，语气就会缓和很多，对于别人来讲，也会更容易接受。因为至少看起来，你在前后的表述上不偏不倚。

（3）在陈述自有观点后，一定要回过头来再次传递温度。

就像前文所写的"如果你下次还想发这种类型的信息，可以私信我，我看看怎么帮你宣传，让更多有需要的人可以看到"，这就是温度的传递。

原则三，从利他的角度出发制定群规。

财从善中来。懂得利他的人，才是真正的利己高手。给顾客最多笑脸和最多实惠的商家，生意往往是最好的。

制定群规，虽然是一件看似很小的事情，但是我们也可以从利他的角度出发，给他人传递出更大的善意。

原则四，以身作则。

群规一旦制定，所有人，包括群主自己，都要遵守群规。尤其是群主，更要以身作则。

否则，群规很快就会变成废纸一张。

所以，一旦我发布了"3个凡是"的群规，我就开始发红包，自己发自己抢，别人发红包，我也抢。要给你传递的信息就是：我也在遵守我的群规。

这就是以身作则。

接下来，跟你分享我打造社群文化的第二个方法。这也是我屡试不爽，不论是做什么样的社群，都屡试不爽的方法。

第二，社群金句。

金句，就是能给他人带来启发，如金子一样闪闪发光的句子。这些句子，不仅是社群主理人智慧的结晶，也承载着社群主理人的价值观。

李海峰老师至少有100条这样的句子。这样的句子，不仅可以在社群的日常沟通中刻意地去展现，也可以设置成社群的活动集中展示，也可以把金句设计成表情包的方式来呈现。

1.在社群日常沟通中刻意展现。

比如，当有人在群里给他人点赞和肯定别人的时候，你想要鼓励更多的人向他学习，积极给他人正向反馈，那你就可以在群里这样跟他说："每个人的内在都闪闪发光。但我发现，很少有人能做到像你这样，非常敏锐地看到每个人的不同之处，并能准确无误且又及时地反馈出来。真的很好奇你是怎么做到的，可以跟我们分享一下吗？"

"每个人的内在都闪闪发光"，就是我们的社群金句。

又比如，如果有人在你的社群里发了红包，你想要鼓励更多的人跟他一样多发红包，那你就可以在群里这样跟他说："谢谢×××老师呀，一看就知道你是一个十分慷慨大方的人。你真的是在给我们示范什么叫作财富和影响力都是给出来的。"

"财富和影响力都是给出来的"，就是我们的社群金句。

再比如，如果有人在你的社群里帮你解答客户的问题，你想要鼓励更多的人跟他一样主动服务所有人，那你就可以在群里这样跟他说："谢谢×××老师，你真的是我们总馆长所说的眼里有活儿的人，而且也是在给我们所有人示范，什么叫作不是因为有影响力才做事，而是因为做了事才会有影响力。"

05 私域运营
从精准的高客单价客户引流到私域变现

"不是因为有影响力才做事,而是因为做了事才会有影响力",就是我们的社群金句。

在社群日常沟通中刻意展现金句,就是见缝插针地跟大家传递社群主理人的理念,鼓励积极向上的社群行为,最终形成一种集体人格,也就是社群文化。

2. 设置成社群的活动集中展示。

这种方式不仅很高级,而且在让客户非常有获得感的同时,会瞬间把社群的氛围感拉满。

我们在做李海峰老师线下课的社群运营时,就会把他的"超级个体创富锦囊100条",其实就是李海峰老师多年积累下来的价值观和理念,当作礼物赠送给大家,然后邀请大家点击链接进入学习,并在群内接龙自己最喜欢或最有感触的一条。

这个活动,我们每次做的时候大家的参与度都很高。而且很多客户都反馈,只是参加这个活动,就让他们觉得来对地方了。

这样做的好处,一是可以丰富社群活动的内容,让每个人都有获得感;二是可以"调频",统一所有人的价值观,提升所有人的认知,强化他们对社群的认同感;三是你可能会因为别人跟你喜欢同样的一句话,而与对方产生共鸣,摩擦出不一样的火花。

设置活动接龙，一定要注意以下 4 个要点：

（1）文件一定要用链接（推荐使用飞书文档）的方式，而不是用 PDF 或 WORD 的格式发出去。因为用链接的方式，你后续还可以对文件进行持续更新。

（2）接龙回复，仅建议回复一条，也不用要求客户说明为什么喜欢，主要目的是降低大家参与的难度。

（3）在接龙的时候，一定要把链接附上，方便后来看到群消息的人，直接点击链接就可以查看，不需要再"爬楼"。

（4）开始接龙的时候，你一定要先接龙，因为这样，其他人就知道具体要怎么接龙。给大家做示范，统一大家接龙的格式。

比如，我们这个接龙就是"姓名 + 金句"。这样就可以一眼看出来谁对哪句话很喜欢，或谁对哪句话最有感触。

同时，如果你要做精细化运营和成交，这对后续你们的沟通，也会有非常大的帮助。

你可以想象一下，如果有一个人见到你，或下次再跟你聊天的时候，他讲道"我想起来了，你特别喜欢李海峰老师的那句话，这句话我也超级喜欢"。你会感觉怎么样呢？是不是觉得他超级暖心？如果他要卖给你产品，你是不是也会非常乐意买单？

05 私域运营
从精准的高客单价客户引流到私域变现

3. 把金句设计成表情包的方式来呈现。

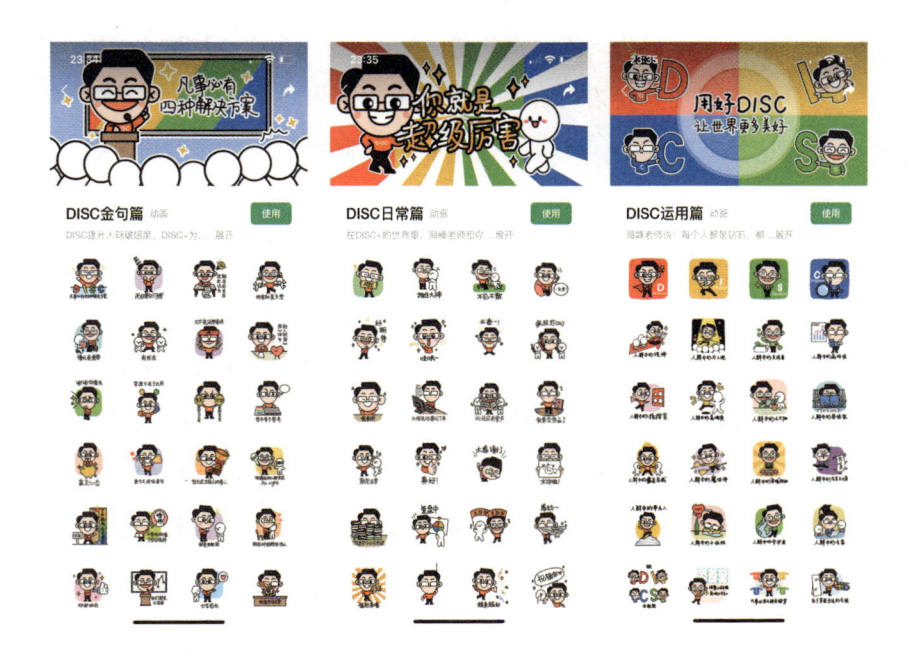

这种方式也不难，就是要花费一定的成本。除此之外，还得有一个非常懂你的社群文化的人，帮你做设计。

每个表情包都由两部分组成，一是金句，二是惟妙惟肖的表情。用表情包至少有以下两个好处：

一是表情包会给别人相对轻松的感觉，聊天时发送也相对随意。因此，表情包就会在无形中帮你完成社群文化的打造，就是一种无痕植入。

二是表情包的传播更广泛。比如说，你不在李海峰老师的社群里聊天，你在别的社群里聊天，也可以用上李海峰老师的表情包。而且只要语境合适，不是你故意为之，别人就不会觉得你这是在发广告。除非是这个社群的群主明令禁止发送此类表情包。

以上，就是通过金句的方式来打造社群文化的3种形式，我最喜欢的是金句接龙，你可以选择最适合你的方式。

当然，金句接龙，还可以变形。还记得我们在前文说的客户之所以不跟你互动，是因为你没有给别人跟你互动的机会吗？

就像你发完一条信息，如果你提醒别人在收到后给你回复"666"，别人可能就会回复你。但如果你不提醒别人回复，别人大概率就不会回复。

这个时候，你提醒他人回复的"666"，就可以用金句来代替。比如，你可以提醒大家收到后回复"我们要增加的是给的能力，而不是要的习惯"，来打造社群里的利他文化。

这时候要注意的是，你一定要先复制再发出来，这样方便其他人复制和粘贴。

总的来说，打造社群文化的方法有很多，只要你掌握了底层逻辑，你就能演变出很多种不同的方式。这样，你就可以在不同的场合下，使用不同的方式。

社群的变现

运营社群是为了什么？毋庸置疑，就是为了变现。把时间拉长，就是为了打造客户的终身价值。

社群变现的方式也有很多种，比如：团购、秒杀接龙、社群内直播销讲、直播间销讲等。

不管你采用哪种方式实现变现，你都要解决这3大问题，分别是：到达率、在线率（到课率）、完播（课）率。解决了这3大问题，才会有最后的转化率。

到达率，是指信息的触达比例。但有时候，你的信息发出去了，却并不一定会呈现到客户面前。因为客户可能没看到，或者是直接忽视了。

就像朋友圈。你发一次朋友圈，大多数客户可能看不到，所以你一定要高频多次反反复复地发。因为只有这样，你才能提高信息触达的比例。

你也许会担心，天天发这么多条朋友圈，会不会打扰到客户，别人看到会不会烦？

首先，你大可不必担心，因为大部分人是看不到你的朋友圈的。

一是你发朋友圈的时候，别人可能在刷短视频，也可能在做别的事情。二是即使在看朋友圈，现在很多人的好友基本都有上千人，所以也不一定能刷到你的。

因此，你应该多发。

如果朋友圈消息别人看了会烦，那不是因为你发得多，而是因为你发的内容除了广告还是广告，又或者是无病呻吟的情绪发泄，很负面。你要发，就要发对客户有价值的内容。

对于个人 IP 来说，学习怎么打造个人品牌叫作价值；对于妈妈来说，学习怎么教育孩子叫作价值；对于创业者来说，学习好的创业案例叫作价值；对于美女来说，学习好看的穿搭叫作价值……

同样地，客户在社群里，你发一次群公告，客户也可能看不到。因此，你就要用多种方式给客户恰当的提醒。

比如，刚刚我们说到的，让所有人在群内接龙回复"今晚8点直播间不见不散"，这样就可以相互触发。

再比如，让运营人员一对一批量地群发私信。私信提醒又是一项技术活，有两个要点：一是内容应控制在手机一屏内；二是设置互动的指令，例如"收到后辛苦你回复'666'"，以增加对方跟你互动的频次和投入的时间。投入越大，他的参与度就会越高，参与度越高，他付费的可能性就会越大。

又比如，如果是公开课，你甚至还可以分班分组，让不同的渠道负责其邀请的客户的信息触达。

例如，哪几个人是通过扫描你的二维码进群的，那你就负责他们接下来的课程学习监督。如果在前期引流进社群的时候，就招募了影响力大使，这种方式就非常适用。因为你可以让影响力大使负责运营通过他们进群的客户。

以上，就是如何提高到达率的方法。到达率是为了保证信息的触达。信息触达的目的是吸引客户来上课。

如果你的社群里有 10000 人，在线人数有 1000 人，在线率或者说到课率就是 10%。

那怎样才能提高客户的在线率（到课率）呢？

还是回到前文说的行为公式。想要一个人做出某种行为，你得满足他 3 个条件：第一是要满足他的行为动机；第二是要降低对他的能力的需要；第三是要给他适当的提示和提醒。

对于到课来说，满足其动机需要，就是你要么让客户学到，要么让客户得到。或者说，让客户有机会学到和得到。

在让客户学到方面，你就要不断地展示，在你的直播中、你的公开课上，客户可以学到的知识点、干货和技巧有哪些？强化价值的塑造。

比如，直播在线 1000 人的 3 大秘籍，单场直播课程变现 100 万元可复制的方法论，年入 5000 万元的爆款产品打磨技巧……

当然，你也可以提前在群里曝光你的课程 PPT，以吸引客户来上课。这就是让客户学到。

在让客户得到方面，比如，你的直播间准备了很多礼物用来抽奖，包含各种新款手机，那就会提高客户的在线率。

这就是每到节假日各大网红直播间"卷"福利的原因。

但你有没有想过，为什么人们会因为"可能得到"而愿意长时间待在一个直播间里？而且这种得到的概率还很低，例如某网红主播的直播间，可能在线人数是 100 万人，每次抽奖 10 部手机或 iPad，中奖概率只有 0.001%。

这么小的概率，为什么还有这么多人愿意在线等着抽奖呢？

这背后，其实利用的是人们迷恋小概率事件的心理。

什么叫迷恋小概率事件？我举个例子。

比如，我给你准备了两个礼物。一个是里面有 2 元钱的红包，一个是我花 2 元钱买的一张彩票。这张彩票的中奖概率虽然很小，但据说它的最高奖已经到几百万元了。你会选哪一个？

相信大多数人会选择我花 2 元钱买的彩票。这就是迷恋小概率事件。人们会因为损失足够小，而更愿意赌一把大的。其实这就是一种侥幸心理。

这也就是为什么，如果你设置足够吸引人的抽奖福利，即使概率很低，但大家却愿意一直待在直播间里的原因。

所以，如果你想要提高客户的在线率和到课率，要么就让客户学到，要么就让客户有机会得到。

有了到达率，又有了在线率（到课率），想要有转化率，最最重要的，还得保证完播（课）率。

完播率是指，如果你一场直播播了 3 个小时，有 1000 个人观看，有 500 人都看满了 3 个小时，那你的完播率就是 50%。

完播率越高，转化率才可能越高。那怎么才能提高完播率呢？

第一，主播的状态。

我曾经有一个月的时间，每天直播 6 个小时以上。根据后台的数据分析，可以明显看出来，我的状态直接决定了客户的在线时长。

如果哪一天，我每一分钟都是激情澎湃的，那大家的互动、点赞、转发、打赏都很积极，最后的付费数据也很可观。但如果我哪天状态不好，那直播数据就会很惨淡。

所以，主播的状态极大地影响完播率。因此，但凡此后我开播，我就会先把自己的能量状态调整到位再开播。

怎么调整？我的方法是不断地默念前文我们说到的那句"我是个超级说服者，我具有无与伦比的说服力与影响力"。

这句话真的给我带来了巨大的能量。你也可以试试，当然，你也可以找到适合你自己的方式。

第二，结构化循环。

想要提升客户的完播率，最重要的当然还是内容的设计。我经常用的方法就是，把直播切成每 10 ~ 15 分钟的一个循环。这个循环的结构是：

1. 价值塑造，你为什么要听。
2. 确认互动，引导客户说"是"。
3. 干货分享，讲故事、给答案。
4. 确认互动，引导客户说"是"。

4个步骤不断循环，这个方法非常适合知识付费的直播。

循环的第一步，就是价值塑造。

价值塑造就是告诉客户为什么你要看直播、要听课，也就是要满足他来看直播或听课的动机。

比如：

接下来我要分享一个积累了9年的社群成交秘诀，就是这个秘诀帮我们在还没有腾讯会议的年代，在社群里用语音加文字的方式，一个晚上就完成了30%的高客单价产品的转化。

又比如：

今晚我要跟大家分享的是，我在李海峰老师身边，9年时间学到的单门课程销售千万元的成交秘诀，不仅有心法，还有

05 私域运营
从精准的高客单价客户引流到私域变现

技法，甚至还有公式，你学了就能直接用，用了就有效。如果你想要提高自己的高客单价产品的转化率，一定要听。

再比如：

你们都听过想要客户买你的产品，你就要经常"摆摊"，对不对？但我想跟你说，这是错的。如果真是这样的话，那为什么那些每天很努力地直播三四个小时和发十几条朋友圈的人却卖不出产品呢？今晚，我要用成交了几千万产品的经验告诉你，问题到底出在哪里。这些我平时只在私塾学员的课上才讲，你们今天真的是来对了。

这就是塑造价值。

第二步是跟客户互动，引导客户说"是"。

比如，就刚刚讲到的价值塑造部分，我们可以接着说"想要知道这个秘诀的话，回复'666'，想要知道问题出在哪里的回复'想'"。

让客户回复，就是让客户说"是"。

第三步就是跟客户进行干货内容的分享。

在分享的过程中，要同步跟客户进行确认。

比如，"关于我刚讲到的第一个点，感觉有收获的请在评论区回复：有"。

这其实也是引导客户不断地说"是"。为什么要引导客户不断地说"是"呢？

因为，只有在前期不断地让客户说"是"至少 7 次以上，最后，你卖产品给客户的时候，你再问他想不想要，客户才会说"是"。

第三，全场都有高价值福利送出，客户的在线时长就更容易拉长。

一场直播至少两三个小时，已经很少有人能从头听到尾了，除非他真的是你的"超级铁粉"。那怎么才能在无法保障在线时长的情况下，保证转化率呢？

发售连麦，就是一个很好的解决方案。这部分内容在最后一个章节中我会继续讲解。

但不管怎么样，想要有好的转化率，运营技巧只是锦上添花。真正起决定性作用的，是你有没有一款好卖的产品。所以，不管采取什么样的变现方式，花 90% 的时间来打磨一款好卖的产品才是重中之重。

本章总结

以上，就是第五章的内容，我们做一个简单的总结：

一、你的客户，就在别人的付费社群里。

二、冠军案例引流，绝对是私域引流的杠杆。

三、有些东西经过互换之后，只增不减。

四、朋友圈互推引流的 5 步法：撬动信任杠杆、传递核心价值、扭转厌恶情绪、投下利他钩子、给客户下指令。

五、社交货币，就是利用人们乐于分享使自己的形象看起来更好，而回避那些会让自己或他人显得不堪的事情或内容的心理特质，可以以此来塑造产品或思想，实现口碑传播。

六、人们往往会因为价值进入一个社群，但会因为情感而留在一个社群。

七、激活社群的模型：触发—行动—及时反馈—触发—行动—及时反馈……

八、"问答赞"看起来是一种套路，但其实更是一种修养。

九、打造社群文化，就是在社群中形成生命格调和行为规范上的共同默契。

十、社群变现，要先有到达率、在线率（到课率）、完播（课）率，才会有最后的转化率。

发售 06

一场发售变现
1300万的核心秘诀

如果你经常混知识付费圈，或者说，你本身就在知识付费圈，我想你应该和我一样都会注意到，现在一个知识 IP 的一场发售，动不动就是几百万元的 GMV，甚至还有上千万元的。

刚开始，我估计你会因此陷入情绪内耗。因为，你可能会觉得："我的天，这也太厉害了，一场发售才十天半个月，怎么就赚了我们很多人一年、好几年，甚至一辈子的钱呢？"

这到底是怎么做到的呢？这里面是不是有什么不为人知的财富密码？如果你也想做到，到底应该怎么办呢？

发售：集中式、批量化赚钱的技术

如果你对 2024 年 3 月底的小米汽车发布会还有印象的话，我想你应该还记得小米汽车发布会上客户火热下单的情景，4 分钟破万预定，27 分钟破 5 万预定。

就算 5 万台卖的都是 21.59 万元的小米 SU7 标配，那小米公司半个小时也卖了近 108 亿元。这真的是超级震撼！真的有一种雷军卖车比我们普通人卖白菜还容易的感觉。

这背后运用的其实就是发售技术。发售技术并不是今天才有的，而是很早就有了。电影的上映、新款手机的上市等这些商业场合，发售技术无处不在。

那到底什么是发售技术呢？

发售技术，就是一套在你的产品正式发售之前，把客户的注意力全部吸引过来，勾起客户强烈的购买欲望，一旦你的产品上市，就能引发客户疯狂抢购的技术。

如果是私域发售，那更通俗的解释就是把你私域里的全部客户，集中式地做一次变现。当你学会发售技术并娴熟运用的时候，你就拥有了半年不开张，但开张就可以吃半年的本领。

也就是说，一旦你学会了使用发售技术，你就可以不用每天都花大量的时间在成交上，而是你只要每年做一两次发售，就可以集中式地、批量化地完成成交。剩下的大部分时间，你就可以一部分用来做好交付，一部分用来学习成长，一部分用来安排自己想要的生活。真正地实现赚钱生活两不误。

做好发售必备的 6 大思维

进账 1000 万元，需要多久？

李海峰老师只需半个月的时间。没错，这看起来好像很夸张，但事实就是如此。

李海峰老师 2023 年做了一次出版项目的发售，GMV 就高达 1300 多万元。他到底是怎么做到的呢？

接下来，我就把做发售项目必备的 6 大思维全部拆解出来教给你。你要知道，无论是多么复杂的发售，它的底层逻辑都是一样的。

▶ **策划思维**

任何变现，都要满足 3 个条件，就是前文我们说的：产品、流量和销售。

策划一款好卖的产品，目标是让别人看了你的产品就忍不住想要买。

从产品的形态上对比，毋庸置疑，直接替客户做的产品肯定比教客户做和陪客户做的产品更有吸引力。当然，相对应地，也能收到更高的客单价。

李海峰老师的出版项目，就是一个直接替你做的产品。不用你花钱，帮你打磨一款高客单价的产品，还帮你卖，而且还帮你出一本畅销书，为你搭建IP联盟，提升你的IP势能，让你名利双收。

同样地，我新推出的产品——实体书变现实战营，也是一个直接替你做的产品。通过2天1夜的线下课，教会你怎么打造自己的个人品牌，打磨出自己的爆款产品，然后使用实体书，直接替你做发售实战，进行私域变现。不仅让你学到，还帮你赚到。

我把我这个产品的策划思路做一个拆解，供你参考。

策划思路是这样的：你购买我的200本新书，均价每本50元左右，共收你9800元，然后我们将给你4项权益：

第一，价值9800元的2天1夜的创业创富线下课程。

2天1夜的创业创富线下课程，就是在线下带着你做好定位，打磨出你自己的产品，以及告诉你怎么获取流量，最后把产品卖出去。这可以说是一款教你做的产品。

教完你怎么做之后，我还要替你做。替你做什么呢？接下来，就是我要给你的第二项、第三项、第四项权益。

第二，价值 4980 元的 100 天朋友圈文案实战营。

在朋友圈文案实战营里，我会跟你分享，怎么来打造自带销售力的朋友圈。同时，我还要在这 100 天里，亲自帮你改 100 条朋友圈文案。没错，你写出来初稿后，我直接帮你改。这就是直接替你做。

第三，实体书变现实战营，帮你把 200 本书卖出去。

除了第一项、第二项权益，你还将获得我的 200 本新书，就是你现在所看到的这本书，然后我会帮你在你的私域里通过发售的方式把这 200 本书卖出去，所成交的钱都归你。

而且但凡客户购买了一本书，我们就会给他赠送一场为期 7 天的个人品牌创富实战营，由我本人主讲。当然，赠送的福利中，还可以增加你自己的引流课，这样你在后端也可以进行高客单价产品的变现。

第四，转化一场价值 9800 元的实体书变现实战营，给你分润 1280 元。

最后，只要你的朋友通过我们的实体书发售或者是我赠送的为期 7 天个人品牌创富实战营，购买了我的实体书变现实战营，我会直接从 9800 元中分润 1280 元给你。

总的来说，就是这 200 本书卖出去了，你不但不用花钱，还参加了我价值 9800 元的 2 天 1 夜的线下课，并拥有了我 100 天亲自帮你修改朋友圈文案的保姆式服务；同时，我还带你做了实体书变现的发售，以及享有我后端的转化分润。这就是不仅帮你学到，还帮你赚到。

看完这款产品后，你是不是心动了，是不是忍不住想咨询？这就是**一款好产品的魔力，自带成交。这就是策划思维，未战先胜。**

如果你想参与的话，请与我连接，发送"实体书变现实战"。

➤ 目标思维

目标思维，是指做任何事情之前，你必须要有一个可量化的目标。这样你才会有非常明确的方向。

你要知道，一件事情要做到什么程度，以及需要调配和投入多少资源，这样才会激发出你更大的潜能。

李海峰老师做出版项目发售的时候，虽然大家还信心不足，但是李海峰老师直接定了1000万元GMV的发售目标。

说实话，如果没有这个明确的目标，我们就无法达到1300多万元的GMV。因为根据当时的进群人数一算，根本就没办法做到。

李海峰老师做出版项目正式发售前的引流进群的时候，总共有18个群，每个群200人，总计3600人。

如果按照发售在线比例为20%来计算，那进直播间的人数就是720人。再按照10%的转化率来计算，最后只能成交72人。成交72人，客单价是12800元1人，GMV也只有921600元。这和1000万元简直是天差地别。

但是目标确定了，方法就总比问题多，就像李海峰老师说的，凡事必有4种解决方案。那应该怎么办呢？

我们的指导思想是：想要卖得多，就要有足够多的人帮你卖。

没错，我们调整了策略，找足够多的人帮我们卖。因此，李海峰老师就开始招募合伙人。一个合伙人帮我们招募30个参与该项目的人。

要达到1000万元的目标，需要招募多少个合伙人呢？

就是10000000/30/12800 = 26.04个，取整，也就是27个。

所以，如果是招募合伙人，我们只需要找到27个人就可以了。这样一算，真的是容易太多了。结果就是，我们招了30多个合伙人。所以最后超额完成目标了，GMV达到了1300多万元。

这就是设定目标和没有设定目标的区别。没有设定目标，可能连100万元都赚不到，但是设定了目标，最终取得了1300多万元的发售成绩。

因此，做发售一定要有目标思维。而且要做就要做大。

▶ 联盟思维

联盟，就是联盟增长，相互借势，互抬势能。

在发售中，最常见的联盟形式就是联盟成交，也就是相互助力，连麦成交，把产品组合起来卖出去。

06 发售
一场发售变现1300万的核心秘诀

所谓把产品组合起来卖出去，是指假如 A 今天发售，B、C、D、E、F 等 IP 就作为连麦嘉宾，把市场上正价出售的产品，作为客户在 A 分别与 B、C、D、E、F 嘉宾连麦时所购买的 A 产品的福利。

也就是说，如果你是在 A 与 B 连麦期间买了 A 的产品，那就送给你 B 的产品作为福利。如果你是在 A 与 C 连麦期间买了 A 的产品，那就送给你 C 的产品作为福利。以此类推。

买 A 送 B，送 C，送 D……虽然这是一种促销手段，但也等于是在销售组合产品。

因此，可以说，连麦成交的本质，就是一起卖出去组合产品。跟多个嘉宾连麦，主打的就是给客户提供不同的产品组合，满足不同客户的需求。目标就是：总有一个组合产品会打动你，总有一个产品适合你。

而且，这些组合产品在销售的时候，都会被设计成限时限量的商品，往往是仅限于在对应嘉宾连麦期间才有效。这其实是利用了人们的恨失心理，让人们害怕错过而马上下单。

但在连麦成交的时候，我们应该选择什么样的连麦嘉宾，并安排好连麦嘉宾的出场排序呢？

选择连麦嘉宾，一般有以下 5 个维度。

1. 付费关系

如果你可以自由选择连麦嘉宾，强烈建议你优先选择给你付费的。

因为给你付费的人，才是真正认可你的人。而且，给你付费的人跟你连麦，某种程度上就是在给你做客户见证。尤其是对方付费后，还取得了很好的成绩，那选择跟他连麦，对你来说就是客户见证。

2. 福利的相关度

连麦嘉宾是要来送福利的，所以在考虑连麦嘉宾的时候，一定要考虑嘉宾所提供的福利是否跟你的客户群体相关，是否是你的客户群体所需求的，甚至是否是他们愿意购买的。如果是，那这样的连麦嘉宾就是很好的选择。如果不是，"咖位"再大，也不要选。

比如，如果你是做高考报考的，客户群体都是家长。但如果你在做发售的时候，找了一群打造个人品牌的 IP 来连麦，那他们能提供的福利可能跟你的客户人群没有什么相关度。因为，家长们大概率对打造个人品牌没有什么兴趣。所以这些福利对他们来说没有什么吸引力，对你的成交最后也没有什么助益。因此，千万不要选择与你的定位相关度不大的嘉宾来连麦。

3. 福利的价值

在考虑了连麦嘉宾跟你的付费关系和他所能提供福利的相关度之后，接下来你要考虑的是嘉宾所提供的福利的价值。也就是这个福利是否足够吸引人。

一般来说，我们要的福利是嘉宾在市场上正价销售的产品，而不是本来就是嘉宾的引流品。对于把线上课程作为福利，我们一般也是持谨慎的态度，因为线上课程毕竟会给别人一种零成本、不值钱的感觉。所以，相比线上课程，我们更偏好的是赠送线下课程。

此外，如果做发售的 IP 卖的是一款万元以上的产品，福利品的定价最好不要低于万元。这样对于成交会更有帮助，因为客户会感觉买到就是赚到。

4. 嘉宾的成交能力

在嘉宾既跟你有付费关系，所提供的福利的相关度又很吻合，且福利价值也很高的情况下，接下来，你要考虑的就是嘉宾的成交能力。

因为连麦成交，毕竟是要嘉宾来助力你成交的，千万别助力不成，还在跟你连麦期间，把你的在线人数拉低了，给你拖后腿。所以，考虑嘉宾的成交能力，也是必不可少的。

怎么判断嘉宾的成交能力呢？

（1）看他是否经常做直播，并能取得很好的结果。

（2）看他是否经常连麦助力他人成交，并拿到"成交王"的称号。

以上两项，只要任意一项对方做得很好，那他的成交能力就不会太差。

5. 嘉宾的势能和"咖位"

对于连麦成交，很多人可能会存在一个误区，就是觉得嘉宾的势能和"咖位"越大越好。而且很容易产生两个错觉：一是觉得能邀请到势能高和"咖位"大的嘉宾，客户可能就认为你也很厉害；二是觉得势能高和"咖位"大的嘉宾可能会帮你带来一些流量。

其实不然。一来，你跟谁在一起很重要，但是最终决定你是谁的，还是你自己。二来，势能高和"咖位"大的嘉宾，往往对自己的私域会更谨慎，保护得也会更好，所以并不会帮你传播。

你一定要清醒地认识到，在这两个点上，势能高和咖位大的嘉宾，可能对你并不会有明显的帮助。相反，一些"咖位"不如你的嘉宾，给你带来的帮助可能会更大。

势能高和"咖位"大的嘉宾，尤其是那些自认为势能高和"咖位"大的人，如果对你的连麦不够重视，并且在连麦期间一

06 发售
一场发售变现 1300 万的核心秘诀

味地吹嘘自己，对你并没有托举和足够的配合的话，那他对你来说就不是助力，而是阻力。

所以在选择连麦嘉宾的时候，千万不要只考虑对方的势能和"咖位"，还要考虑他是否愿意来托举你和成就你。

确定了连麦嘉宾后，接下来，最关键的就是确定连麦嘉宾的出场排序，其中也大有讲究。安排得好，至少会让你的发售成绩提高 30% 以上。但如果安排得不好，那就是血和泪的教训。那到底应该怎么安排呢？

在发售的第一天，涌入直播间的流量势必是最多的，所以，建议你一定要把最多的流量给到最能卖产品的人。

因此，发售第一天的所有连麦嘉宾，最好安排战斗力最强的出单王天团来助力你成交。尽可能地在第一天，就完成 GMV 的爆破。

另外，每天的最后一次连麦，一般为了逼单，需要拉时长。因此在安排嘉宾的时候，除了要考虑他的成交能力外，还要考虑他的内容输出能力，输出能力越强越好。

当然，千万不要忽略最后一天的发售。发售最后一天的连麦也极其重要，因为最后一天的倒计时，就是最好的逼单方式。

一般来说，一个 IP 一年也就发售两三次，客户如果错过这次，下次要想买，就要等至少两三个月。同样地，如果你想要赚钱，一般也要等两三个月甚至更久。因此，在发售的最后一天，往往也是逼单最凶猛的一天，建议你安排出单最好的连麦嘉宾来帮你销售。

不过，如果连麦嘉宾人数有限，你还可以安排连过麦的嘉宾返场，甚至可以找连麦中已经被验证过卖得最好的嘉宾返场。

总之，一切都是为了成交。我们要卖，就要光明正大、全力以赴地卖。

➤ 销讲思维

发售，就是一次性把你现有的私域做集中式的变现。

而一次发售，往往是连续 3~5 天，每天 4~6 个小时的饱和直播。这个饱和直播对于客户来说，就是一个验货场。对于主 IP 来说，就是一场又一场的直播销讲。

因此，想要获得客户的认可和认购，我们不仅要在直播内容的交付上诚意十足，更要在成交上用心设计。

到底怎样才能做好直播的成交设计呢？4 个字：销讲思维。

销讲，销是目的，讲是手段，通过讲来实现销售。如果你能在讲的过程中解决客户的以下 3 大核心问题，客户就会毫不犹豫地马上购买。

(1)为什么要购买？

(2)为什么要向你买？

(3)为什么要现在买？

这3大问题，就是销讲的3WHY逻辑。

一、为什么要购买？

为什么要购买，这是客户的动机问题。

前文我们已经讲到，产品的本质是客户的问题的解决方案。也就是说客户之所以购买，是因为他存在一个可能需要被解决的问题，或者说需要完成的任务。

但客户一开始可能并没有意识到自己需要解决什么问题。又或者是客户可能对自己的认知不够清晰——他一直觉得他需要解决的问题是A，但事实上很可能是B。就像很多人可能以为他的问题是流量不够，但他真正的问题可能是转化率的问题，又或者是个人影响力和话语权的问题。

因此，在这个过程中，我们就需要通过销讲来帮助客户理清他真正的需求。

客户有了需求，也不一定会为你付费。所以，你要透过客户的需求，挖掘客户的痛点，并给出有代入感的场景。

比如，如果你问一个宝妈：你想不想做副业赚钱？她可能会告诉你：想。这就是客户的需求。但她可能还是不会为此付费。

所以，你就得告诉她：

我们之前有一个宝妈客户，跟你的状态是一模一样的，以前她给孩子买纸尿裤，都要跟老公伸手要钱，而老公每次的语气里都透露出对她掩藏不住的嫌弃。婆婆也是怎么看她都不顺眼，总觉得她是家里最没有价值的人。

但她自从跟我们做副业，不到一年的时间，把家里的房贷全部都还清了。从此她的老公回家后都自动把家务承担了起来，而且到哪里都说，"我老婆真的是进得了厨房，出得了厅堂"……她自己也有更多的时间学习了，因为她给家里请了个阿姨，实现了时间自由。

这些是你想要的吗？如果是你想要的，你想跟我们一起做副业吗？

这就是从识别客户需求，到放大客户痛点。他不解决这个问题，他就会痛，所以他才要购买。

二、为什么要向你买？

客户为什么要买？因为有一个需要完成的任务、待解决的问题。但是他为什么要向你买而不是向别人买呢？

第一，你得向客户证明，在这个领域里，你是解决这个问题最具权威的专家。而且你不仅一心一意从事此工作十多年，还帮助了上万个家庭，帮他们的孩子考上了梦寐以求的名校，积累了很好的口碑。

第二，你得向客户证明，你的产品不仅可以帮客户解决他的问题，让他拿到他想要的结果，还降低了他使用该产品来解决问题的难度。各行各业、各种水平参差不齐的人通过使用你的产品都拿到了成果，你积累了很多成功案例和客户好评，而且还有大咖跟你连麦，给你做"背书"。

第三，向你购买没有任何风险，不满意还可以全额退款，且赠送礼物。

这就是客户为什么要向你购买。因为你是这个行业里最权威的人，有很多的成功案例，有很好的口碑，并且向你购买没有任何风险。

三、为什么要现在买？

你有没有发现一个很奇怪的现象，就是不管你跟客户谈得有多好，只要客户没有立刻付款，大多数时候，这个客户后续就再也不会付款。

所以，要让客户立刻付款。但怎么才能让客户当下就付款呢？

（1）价格锚定

价格锚定，就是先提供一个参考价格，然后给出一个发售（销讲）期相对优惠的价格。

比如，某产品原价12800元，发售期优惠价9800元，很明显，发售期间的价格更实惠，发售期结束后就恢复原价。

当产品被设定了锚定价格的时候，人们会更容易做出购买的决策。另外，当你还告诉客户，过了今晚就不再有优惠，并且还恢复原价或涨价的时候，客户往往会因为害怕失去而立刻付款。

（2）饥饿营销

饥饿营销是指通过限时限量的供应来给客户制造一种稀缺感和紧迫感。

比如，在直播连麦期间，连麦嘉宾提供的福利仅限在跟该连麦嘉宾连麦期间有效。错过了这段时间，这个福利就没有了。这就是限时。

当然，也可以限量。比如仅限前10名购买者享有某个福利。还可以通过每满多少个名额就涨价多少，来给客户制造一种紧迫感。

无论是给客户制造稀缺感还是紧迫感，其实都是在利用人们的恨失心理。

（3）迷恋小概率事件

迷恋小概率事件，前文我们已经做了解读。不过在实践中我们发现，在推动客户马上付款这方面，迷恋小概率事件也可以起着非常大的杠杆作用。

比如，只要你在今晚 0 点之前付款，就可以参加最新款的 ××× 手机的抽奖。

使用这样的方式，也会让人们更容易做出购买的决策。因为人们总会想，"万一我要是中奖了，那就相当于我没花钱就拥有了这款产品。"这个方法利用的就是人们迷恋小概率事件的心理。

以上，就是发售必备的销讲思维。

➤ SOP 思维

做一次产品发售，就等同于做一个项目。

一个项目的成败，往往并不取决于参加该项目的人数的多少，而是取决于这个项目 SOP 的颗粒度。颗粒度越细，就代表项目可落地性越强。

我们做出版项目的发售，光是 SOP 文档，就有 10 个以上。包括产品策划 SOP、海报物料制作 SOP、建群 SOP、社群引流及裂变的SOP、朋友圈运营的SOP、社群运营的SOP，直播连麦SOP、直播期间社群及直播间运营的SOP、产品交付的SOP等。

每个SOP，都要细化到具体的时间要干什么，具体有什么要特别注意的要点。

比如关于朋友圈运营的SOP，我们在写好朋友圈文案后，还会做好标注，要用什么样的图片，在哪个时间点发出，以及在评论区做什么样的引导。

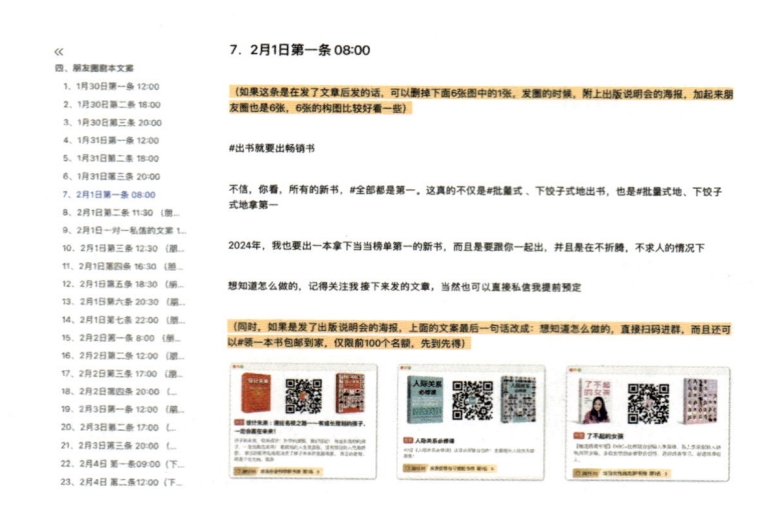

再比如社群运营的SOP，对于每一条群消息是否要发群公告，也都要标注得清清楚楚。

06 发售
一场发售变现 1300 万的核心秘诀

```
《
六、群内倒计时文案
    1、倒计时5天 12:00发 群公告
    2、倒计时4天 12:00发 群公告
    3、倒计时3天 12:00发 群公告
    4、倒计时2天 12:00发 群公告
    5、倒计时1天 10:00发 群公告
七、运营官炒群 2月5日12:00
八、合伙人炒群 2月7日12:00
九-1、海蜂老师炒群 2月6日12:00
九-2 海蜂老师炒群2-海蜂老师...
十、出书说明会
    1. 出书合伙人开场介绍5-10...
        1.1 出书合伙人为什么想要带...
        1.2 出书对大家的帮助是什...
        1.3 为什么要和海蜂老师合作...
        1.4 引出李海蜂老师,是谁?
    2、海蜂老师讲解 60分钟左右
    3、收尾 30分钟左右
十一、直播当天的运营 2月7日
    1、0点过后改群名
    2、11:45预热 合伙人分享
    3、14:00直播倒计时6小时
    4、17:00直播倒计时3小时
    5、18:00直播倒计时2小时
    6、19:00暖场倒计时1小时
```

1. 倒计时5天 12:00发 群公告

💎你是一个什么样的人,决定了你能赚到多少钱

#联合出版说明会倒计时5天

想要打造个人品牌?想要成为畅销书作者?想要用户不请自来?

请直接锁定我们#2月7日的联合出版说明会

温馨提示:转发接龙后的老铁,记得私信我进影响力大使群#兑换实体书包邮到家的福利,感恩大家的支持~

而且,在群消息里,我们还会尽可能给每条信息都附上一句塑造社群文化的金句,接下来才是群消息的传递。即是,我们不仅要做好价值的传递,也要做好情感的连接。

同时,炒群要发布的消息的内容我们也都会提前做好分段换行,最多不要超过 3 行,保证客户的阅读体验。另外,在该画重点的地方,也都会用"#"号标识好。

此外,在直播间社群运营 SOP 里,我们会提前根据老师的直播 PPT 写好短文案,并在前 30 分钟,相对高密度地每 3～5 分钟在群内发送一次,以吸引客户进入直播间。

```
《
13. 20:00开播后的社群运营          13. 20:00开播后的社群运营
    13.1 第一条20:03
    13.2 第二条20:05
    13.3 第三条20:08               13.1 第一条20:03
    13.3 第三条20:10
    13.4 第四条20:15               #学习就要跟有结果的人学
    13.5 第五条20:20
    13.5 第五条20:30               🔥海峰老师至今已出品40余本书
    13.6 第五条20:40
    13.7 第五条20:50               如果你想要成为畅销书作者，就一定要来
    13.8 第五条21:00
    13.9 第五条21:10
    13.10 第五条21:20              想了解更多，直接进入直播间～
    13.11 第五条21:30
    14. 下单赠书的话术             直播间链接：https://meeting.tencent.com/dm/ptUuEjY2p252
    15. 修改的海报
    16. 直播间促单的话术
    17. 直播结束后的群公告         13.2 第二条20:05
    18. 支付宝和微信支付的收款...
十二、运营营妙数 2月7日 18:00     #什么叫作口碑届的天花板？
十三、1月18日会议
    一、合伙人权益                 这就是！
       1. 收益
       2. 畅销书作者               一篇文章发表4天，阅读量破4万
       3. 丰播
```

后续再根据客户的在线情况，每 10 ~ 15 分钟，在群内不间断地同步直播间分享的核心要点，引导客户进入直播间，以及同步发送客户的付费报名喜报，引发客户购买的从众心理。

这就是 SOP 思维。每天结束后，还要对当天的具体情况进行复盘，而且能升级迭代的就马上升级迭代，绝不等到下一次。

➤ 直播思维

发售为什么是很好的成交方式？除了联盟销售组合产品更有利于成交之外，还有一个非常重要的原因，那就是这种一对

06 发售
一场发售变现1300万的核心秘诀

多的成交方式,更容易引发客户的从众心理。

只要客户看到一直有人在直播间里付费,自己本来还在犹豫,也会被这种畅销的场域带动起来。因为他们会觉得,这个人是真的靠谱,产品也是真的很好,才会有这么多人买单。

那怎么才能打造出直播间"疯狂"下单、很畅销的场域呢?

(1)跟嘉宾连麦,如果嘉宾对你是一种全力托举的状态,那在客户看来,你就是值得被信任的,要不谁愿意来直播间抛头露脸地给你做"背书"呢?尤其是这个嘉宾还是大咖。

(2)直播间里一定要有"画外音"。就像你看到很多网红博主直播带货一样,他并不是一个人在直播间里叫卖,而是有一群人在直播间里回应他。

当他在直播间里问"要不要"的时候,一群人回应"要",当他在直播间里说"是不是很超值"的时候,一群人回应"超值",这个时候,观众也会被带动,觉得值,觉得一定得要。这就是直播间里的从众效应。

因此,在做发售的时候,出单了,请你一定要记得喊单。

比如,当你在后台看到聪聪老师买单了的时候,你就可以喊单说:"恭喜聪聪老师下单成功!一起加入朋友圈变现力打造实战营,从此让客户追着你付款。"这句恭喜在某种程度,也是在强调产品的卖点。

· 309 ·

如果你可以备一个铃铛那就更好了,出单了,就摇铃喊单,这样直播间的氛围就会更热烈。

(3)跟每个嘉宾连麦的时候,除了对嘉宾提供的福利进行限时限量,还可以在嘉宾连麦快结束的时候进行倒计时。这也会给别人带来一种急促感,推动客户下单。

(4)一定要关注评论区,当有人反复提问,或说自己无法支付的时候,一定要点他的名字,告诉他具体要怎么做。这就是"精准打击"。当我在线下课上讲到这里的时候,很多人就说,他本来还打算等一等的,但是被点名后干脆直接付款了。

客户本来还会等一等,甚至不打算买了,但是因为我们喊了他的名字,所以他最后就付费了。

这些都是直播思维。一定要在直播间里反复借助摇铃喊单、倒计时、关注评论区精准打击等方式来塑造一种你的产品卖得很好的景象,引发大家的从众心理,让大家一起开开心心地买起来。

发售可复制的 9 大流程和步骤

发售，除了是一次私域的集中变现，更是一连串动作和流程的设计，最终为的是产品能够在一瞬间实现大卖。

怎么设计好这一连串的动作和流程呢？

发售的模型有很多种，包括十年体发售、分销发售、打榜裂变发售、局中局裂变发售、低转高公开课发售等。

但不管是哪一种，基本都是以下 9 大流程和步骤：

第一步：产品策划

第二步：策略选择

第三步：充分预告

第四步：发布长文

第五步：私域裂变

第六步：社群运营

第七步：饱和直播

第八步：发售收尾

第九步：产品交付

从产品策划到最后的产品交付，就是一个完整的产品发售流程。

➤ 第一步：产品策划

产品的策划一般包含两部分：一个是公开课的策划，一个是高客单价产品的策划。

公开课，一是为了获取流量，吸引客户毫不犹豫地扫码进入社群；二是为了让客户验货，成交高客单价的产品。

所以，公开课的策划，不仅要自成体系，极具营销性，更要建立在准备销售的高客单价产品的基础上，完成客户对我们的认知、认可和认购。

因此，公开课的大纲打磨极其重要，可以说，私域发售结果的好坏，公开课起着决定性作用。

公开课产品虽然是免费的，但是也要打磨到即使让客户付费，他都愿意参加的程度。只有这样，我们才有可能不仅完成流量的裂变和聚集，还能完成流量的成交。

高客单价产品的策划，目标是让别人一看就想买。这也就是前面我们说到的策划一款好卖的产品。而发售，就是把这款好卖的产品卖好。

无论是公开课产品的策划还是高客单价产品的策划，在前文中都已经做了详细的拆解，在此我们就不再赘述了。

第二步：策略选择

策略的选择，是指发售策略的选择。

发售策略的选择，不仅因人而异，还会因为你所处的阶段不同而选择不同。

如果你是第一次做发售，你只需要选择十年体文章的发售模型，以你的私域作为基本盘进行发售即可。

但如果你已经是多次发售，你就可以选择不同的发售模型，比如局中局裂变发售模型，甚至是打榜裂变发售模型，又或者是多个发售模型的组合。

但如果你第一次发售就希望是多个发售模型的组合，可不可以？当然可以，不过，最主要的还是要看你对发售策略的熟悉情况。

我最喜欢的就是局中局裂变发售模型。因为这个模型可进可退。可进，就是我可以在前面加上打榜裂变，扩大发售的影响力。可退，就是我可以根据客户进群的具体情况，决定是否要设置后面的局中局。

当然，想要达到最好的效果，就要有局中局，否则它也不能叫作局中局裂变发售模型了。局中局裂变发售模型的具体路径在前文中也拆解过，具体情况你可以回过头再看一看。

不过不论是什么样的模型，也不论是什么样的组合，一个IP的发售是否能成功，并不取决于他掌握了什么技巧，而在于他过往的积累和他的人品。

发售是很考验人品的。试想一下，你邀请大家帮你转发文章的时候，大家是否愿意帮你转发？大家是否愿意给你的发售信留言，给你"打call"？

如果你发售的时候，你的私域好友都愿意在你的发售信评论区写一条长消息来感谢你，肯定你过往对他的帮助，夸赞你的人品，那说明你平时做人是很靠谱的。这样当你卖东西的时候，别人也更愿意支持你。

所以，想要做好发售，并不在于你是否掌握了什么技能，而是看长期以来，在别人眼中你是否是一个好人，是否是一个有格局又靠谱的人。

如果是，那恭喜你，你做发售势必能拿到你想要的结果。

第三步：充分预告

充分预告，是指发售前在你的朋友圈和社群里，充分预告接下来你要做的事情，目的是引发他人的好奇心和持续关注。

只有当我们进行了充分的预告，并吸引了大量的关注，我们发布文章和公开课进群海报的时候，客户才会排山倒海一般涌进我们的社群，形成强大的势能。

就像你要结婚办酒席，你就得在你的亲戚群和朋友圈里预告并发出邀请函，只有这样，等到你办酒席的当天，客人才会从四面八方如潮水般蜂拥而至。这其实就是势能的积累。

在充分预告阶段，我们既要通过朋友圈文案来预告接下来要发生的事情，同时也要做好倒计时海报的配图。从视觉上，每天给客户带来强烈的、反复的冲击，提醒客户"大事将至"。

在朋友圈文案的预告里，我们甚至可以用一些"首次公开""第一次公布""第一次揭秘""这个秘密我守了 10 年""我肯定是疯了""我居然……""不得了了"等夸张的标题。

这样做的目的是瞬间吸引别人的注意力，积蓄能量。等到开放进群的那一刻，让所有人都争先恐后地进群，然后帮我们一起完成转发裂变。

➤ 第四步：发布长文

发布长文，是指发布销售信。

销售信的内容，总体上是为了告诉客户：我是谁，我做了什么事情，帮助了哪些人，拿到了什么结果，为什么这件事你一定要做，做了你会有哪些收获，如果你想知道我具体是怎么做到的，欢迎扫码进群，进群后你将会有哪些收获和福利。

销售信的发布，有3个需要注意的要点：

第一，一定要在文章里埋3～4个进群触点。

一篇文章至少要从前往后放3～4次进群的二维码，引导客户进群。

千万不要只是在文章的最后呼吁进群，因为很多人可能看不到最后，可以在文章的前面就放上进群的二维码，让客户直接扫码进群，提升进群率。

第二，发布的时间，建议选择在周二或周三。

为什么是周二、周三发布，而不是周四、周五发布呢？

因为如果是周四、周五发布文章，周六、周日开始一对一私信群发消息的话，那时大家可能都在休息或陪家人，进群的效果就没有工作日好。所以在周二、周三发布长文，接下来两三天就可以全身心地完成"私戳"。

另外，周二、周三发布长文，建议是在上午11：30～12：00

之间。这样发布后，我们就可以在大家午休的时段，在已有的社群和朋友圈里进行文章的全量推送，做好第一波触达。

由此可见，发布长文并不是一个简单的独立事件，而是我们要将其放到整个发售系统中，做好前后事件的安排和协同，确定好每个细节，只有这样做才能达到最好的效果。

第三，一定要提前邀请一些对你认可的客户在文章发布后，第一时间在评论区里留言。你甚至还可以把文章的预览链接优先给他们看，让他们提前准备好在评论区里的留言。

这点非常重要，因为提前准备好评论区留言有两点好处：第一，有助于引发他人写评论的从众效应；第二，前面的评论写得越生动用心，后面跟进写的评论也会越用心。

这样，你的发售信文章的评论区就会有一段又一段感人至深的好评，这些好评对你建立与客户的信任和成交将会起着非常大的帮助和促进作用，而这些内容又可以进一步用于后续的社群运营和作为朋友圈文案的素材，这也是内容上的"一鱼多吃"。

➤ 第五步：私域裂变

私域裂变，就是给私域里的客户一对一私信群发，邀请他们进群，并且邀请他们帮忙转发。但是，在私信群发前，一定要先对你私域里的客户进行分类，并贴好标签。

一定要分清楚，哪些人可能是你此次产品发售活动中最优质的超高意向客户，哪些人可能是潜在的客户，哪些人是不要轻易打扰的，等等。

同时，分类也是为了方便发售期间的精细化运营和精准营销。比如，在"私戳"邀请进群的时候，我们就可以优先"私戳"那些最优质的超高意向客户，然后是潜在客户。

最优质的超高意向客户，往往也是最认可我们的。所以，最认可我们的客户进群后，他们大概率会自动自发地响应我们在群里的活动，带头转发、接龙，并截图发回群内，在群内互动，等等。这样很快就会带动大家，形成从众效应。

当然，他们也是群里最愿意维护我们，最愿意为我们说好话的一群人。在一个社群里，只要有 10% 的人自动自发地说我们好，那这个社群就会顺利运营下去。因此，他们既是我们成交的种子客户，又是我们运营社群最大的帮手。

所以，在"私戳"进群的时候，我们就可以优先邀请他们进群。

另外，在直播连麦期间，如果我们想要提高在线率，一对一地群发邀请客户们进入直播间，也可以优先照顾超高意向的客户。尤其是在我们人手有限的情况下，更要把 80% 的时间用在超高意向的客户身上。因为他们是最有可能买单的一群人。

06 发售
一场发售变现1300万的核心秘诀

就像如果我们安排线下课的位置，要把付费的客户安排在最前排，也就是老师最容易关照到的地方，然后把受邀请来参加的客户安排在相对靠后的位置。

因为被邀请来的客户的付费意愿和付费能力往往没有付费客户高。所以，我们要优先照顾已付费的客户。

做好分类后，接下来就是一对一发私信。

第一，一对一发私信时，一定要在开头就称呼对方的名字，给对方一种被私信的专属感。

这样更容易引起对方的重视，对方也才更有可能看完你给他发的私信，然后按照你的指引，完成你想要他完成的动作，无论是扫码进群，还是点赞、评论、转发文章。

第二，在文案中，尽可能用一句话总结出你之前所发布的销售信的内容，并主动告知对方你在文章中首次揭秘的一个不为人知的事实，引发对方的好奇心，提升文章的点击率。

第三，在文案中，一定要告知对方你对这篇文章的用心程度，希望他看完后能受到启发，同时请求他帮忙点赞、评论、转发到朋友圈。

主动告知他人你的用心投入和付出，更有利于你的文章被点击和被仔细阅读。敢于主动求助，他人往往也才会更乐于帮你。

第四，给对方赠送一份礼物，邀请对方扫码进群，免费参加公开课。这份礼物其实就是公开课海报上宣传的要送给大家的礼物。

一对一发送私信，除了希望能用私域作为基础流量完成私域裂变之外，更重要的是要把自己的私域好友也邀请进群，这是首要目标。因为他们就是你的潜在付费客户、发售成交的主要来源，还是你的私域好友，他们对你的认可度最高，成交难度最低。所以在文案里，一定要给他们下指令扫码进群。

第五，一对一发送私信的文案一定要提前准备并预览，每一段最好不要超过3行，注意空行分段，保证对方的阅读体验。

第六，可以用"#"号强调你要突出的重点和关键词，让对方可以一目了然。

第七，在发送完一对一私信的文案后，接着可以推送文章链接和公开课海报。海报大小最好不要超过2M，这样可以降低别人查看原图的难度。不过，私信文案、文章链接和公开课的海报，也没有固定的前后关系，主要还是看你的习惯。我本人偏好的顺序是私信文案、文章链接，然后是公开课海报。

第八，文案、文章链接及公开课海报，加在一起的整体长度，最好不要超过手机屏幕。让对方不用滑动就可以完成阅读。

以上就是一对一私信客户时的注意要点。当然，这并不是固定不变的。比如，有的时候，我们可能不发海报，而是直接生成进群二维码或直接给对方发送入群邀请链接，这样进群率也会更高，但还是需要具体问题具体分析。

第六步：社群运营

从客户进群到公开课开讲，期间一般来说都会有一定的时间，短则3天，长则5天。

所以，在客户进群后，我们就要做好社群的运营，保持大家对社群内信息的关注。

社群的运营和维护，在开讲前的三五天最核心的内容，就是做好成功案例和客户好评的展示，以此来建立和强化跟客户之间的信任，从而不断地积蓄势能，一直到产品发售，让客户一抢而空。

成功案例和客户好评，往往来自：一是发售信评论区的留言；二是过往的好评截图收集；三是发售时专门邀请嘉宾拍的视频。

一般来说，邀请嘉宾拍摄视频做用户见证，是我们发售时常用的一种方式。因为短视频的真人出镜相比于文字和图片的形式，对客户也会更有说服力。当然，拍摄难度也会相对大一些，不过，为了降低嘉宾的操作难度、保持内容的统一性，我们都会给他们提供模板，让他们直接对着镜头即兴分享即可。

模板里，基本都会包含以下4部分内容：

1. 开头一句话自我介绍。
2. 介绍跟发售的IP是怎么认识的。

3. 分享一下，因为得到 IP 什么样的帮助和支持，拿到了什么结果，或者是为什么推荐大家跟 IP 学习。

4. 呼吁大家关注 IP 的公开课直播。

除了对短视频的内容要求，我们一般也会对短视频的画面比例和时长做统一的要求。

一般来说，视频的画面比例要求是横屏的 16∶9，视频的时长要求是 1 分钟左右。尽可能控制好时间，因为视频过长的话，完播率就会很低，且对拍摄人的要求也会很高。

当我们拿到所有嘉宾的视频后，会进行统一的剪辑，并会在视频号上发布。同时也会在视频号上设置好发售直播的预约。这样在发售的时候，我们就可以进行双平台直播：视频号直播和社群内的腾讯会议直播。

在视频号上发布完视频后，我们便会在社群和朋友圈中同步转发起来，实现内容上的"一鱼多吃"。

当然，如果我们采用了局中局裂变的发售模型，在社群的运营上，我们还要做好社群裂变的维护。

不过，社群的裂变，最主要的还是为了形成社群内的从众效应，因此我们一般会在群里采取接龙的模式：邀请大家转发后，截图发回群内接龙、领取福利。

裂变后，开播前的 2～3 天，我们会在社群内安排 2～3 轮的炒群活动。

社群内的炒群，基本上是既有运营官的炒群，又有 IP 的炒群。运营官的炒群和 IP 的炒群都是以图文的形式在群内进行，就是将运营官的微信和 IP 的微信在群内采用图文结合的形式进行分享。

其主要目的是塑造公开课的价值，吸引客户预约直播，提高客户进入直播间的比例。当然，也是为了逐渐积累与客户的信任关系，提升势能。

除了这些直播前的社群运营活动，还有直播中的社群运营活动。这部分内容，我们在 SOP 思维里已经做了详尽的分析，在此不再赘述。

▶ 第七步：饱和直播

饱和直播一般是指连续 3~5 天，每天连续 4~6 小时的直播。

为什么要做饱和直播？

因为每个客户空闲的时间点不一样，有的可能是晚上 8 点以后有时间，有的可能是中午 12 点后有时间。所以，我们在发售的时候，就要尽可能地通过拉长直播的时间，对客户进行全时段的覆盖。尽可能做到无论客户何时上线，我们都能实时成交。

饱和直播最关键的，就是公开课内容的安排，一般前面 1～1.5 个小时是主 IP 干货内容的分享，后面 2～3 个小时是连麦不同赛道的嘉宾。

不同的嘉宾会带来不同类型的福利，目的都是助力主 IP 高客单价产品的成交。而且，现在的发售，出单也大多发生在和嘉宾连麦期间，因为客户已经习惯了在连麦嘉宾送福利的时候付费。

所以，主 IP 跟嘉宾的连麦配合直接决定了成交情况的好坏，那到底怎样才能做好连麦的安排和协调呢？

我们一般的做法是在连麦之前，给每个嘉宾提前发送一份连麦沟通的 SOP 表单，把每个嘉宾的每个时段的安排和流程都写上，让他们自行填写相应的资料后，再进行一对一的沟通确认。

比如，我们会在连麦沟通的 SOP 表单上列出以下 5 个问题，让连麦嘉宾一一填写：

1. 你希望主 IP 怎么介绍你，可以用 50～100 字来描述。

说明：此部分用于主 IP 在你上线连麦时对你进行介绍。

核心目的是凸显你在你所处领域的权威和影响力。介绍你的成就时，最好能数据化，最好和你所带来的福利保持一致。

06 发售
一场发售变现1300万的核心秘诀

这样主IP就可以给客户提前"种草"你的福利,为后续的销售做好铺垫。

2. 你的自我介绍,以及跟主IP相识的故事。

说明:一是你进行自我介绍,展示你在你所处领域的专业性和你取得的成绩;二是介绍你跟主IP相互认识的过程,尤其是你曾经碰到了什么问题,得到了主IP的帮助和支持,最后取得了什么成果,主打的就是托举主IP。

3. 围绕你的自我介绍及福利,进行访谈交流。

说明:结合你所要送出的福利,设置2~3个专业问题。主IP会在恰当的时机提出,并跟你进行互动交流。这个问题的设置主要是为了塑造福利的价值。让客户为了获得这个福利,从而主动购买主IP的高客单价产品。

4. 观点输出。你觉得为什么所有人应该立刻跟主IP学习。

说明:比如主IP是做直播的,那你觉得为什么所有人都应该付费学习如何做直播,而且是向主IP付费学习做直播。这部分内容,建议你在抛出观点后,可以用讲故事的方式切入。尤其要讲一讲主IP在你心目中是一个什么样的人。

5. 福利介绍。跟你连麦期间,如果客户购买了产品,你会赠送什么福利。

说明:福利介绍最好可视化。主要包含以下几项内容:

福利名称：

福利价格：

福利海报：

福利价值（为什么值得拥有）：

福利份数：

兑换方式：

如果是线下课，你可以用 PPT 的形式把课程详情页、过往线下课的照片、学员好评及收款截图展示出来。目的是告诉客户，你送的福利是很有价值的、是很有诚意的，抢到就是赚到。

以上，就是跟连麦嘉宾沟通的连麦 SOP 表单。一次好的发售，势必是一场又一场好的连麦的积累。甚至为了保障成交，在连麦之前，我们还可以对嘉宾进行连麦的培训和辅导。

刚刚我们提到，现在的发售，出单大多发生在和嘉宾连麦期间。但也有一种促单的方式，可以让客户在主 IP 分享期间就提前下单。

主 IP 在分享完干货内容后，在对客户进行答疑销售期间，抛出独有的福利和权益，也可以促使客户下单。比如"只要你在连麦开始前下单，你就可以享有我 60 分钟的一对一咨询及任选一位嘉宾一对一咨询的福利，仅限 5 个名额"。

60 分钟的一对一咨询，对很多客户来说非常有吸引力，尤其对于李海峰老师这种 1 小时演讲的出场费都要 10 万元的大咖来说。

最后，饱和直播非常关键的一点就是提高在线率，在线率高，成交率才高。

那怎样才能提高客户的在线率呢？可以从以下 4 个方面入手：

（1）开播前提醒客户报名直播。

做私域发售，现在被用得最多及最有利于转化的直播工具，就是腾讯会议。而且但凡客户进入了腾讯会议，基本就不会离开，在线时长都会很长。

因为腾讯会议不像视频号直播，只要你滑动一下就可以离开。腾讯会议是，即便你把直播界面缩小了，你依然还可以听到直播的声音。同时，腾讯会议也会给人一种更沉浸式地学习的感觉。所以对客户在线和转化都有很大的帮助。

腾讯会议还有一个非常好用的功能，就是如果你是连续每天固定时间直播，你就可以在建立腾讯会议的时候，设置每天在固定时间点直播，这样客户只要点击你的腾讯会议链接报名了一次，接下来他每天在直播开始前 3 分钟都会收到腾讯会议的直播提醒。

所以，在开播前你就可以在社群里，或采用一对一私信的方式，提醒客户直接点腾讯会议的链接进行报名。只要客户报名了，就相当于在后续的每一天直播前，你都拥有一个"腾讯会议"机器人来帮你提醒客户去上课，这样就大大地提高了客户的在线率。

（2）开播前 10 分钟一对一"私戳"。

在开播前 10 分钟一对一群发，告知客户马上要开播了，赶紧点击链接进入直播间，这对客户是一种强提醒。尤其是，如果你还告诉客户有 1 万人进群了，但是只开放了 1000 个听课名额的时候，很多客户可能就会早早地进直播间抢占位置，因为担心晚了就抢不到了。

（3）同步直播过程中的精彩内容到社群，吸引客户进入直播间。

同步直播过程中的精彩内容到社群中，有两种方式：

一种是把主 IP 直播过程中的金句做成海报，在海报上添加直播间的二维码，同步到社群内，吸引客户扫码进入直播间；另一种是把直播过程中的精彩内容做成社群流文案的形式，并放上直播间的链接发到社群内，吸引客户点击链接进入直播间。

这两种方式，也都可以同步到朋友圈，以进一步扩大直播间的流量。

（4）主 IP 在直播间内邀请客户在他所在的社群里帮忙拉升在线率。

主 IP 讲到非常精彩，客户非常有获得感、非常认可的地方，就可以邀请客户在他所在的社群里帮忙拉升在线率。

方式也非常简单，就是邀请客户在他所在的社群里，发一个一毛钱的红包，并在红包上写上"分享超级炸裂"，然后运营人员在红包后面加上直播间链接即可。

这种拉升在线率的方式是非常高级的做法。

一是，客户愿意发红包对你来说就是一种肯定，其他客户看到后也会好奇到底发生了什么事，从而点击链接进入直播间；二是很多人在发红包，就会形成社群中的从众效应，从而提升大家对你的认可度，推动客户下单。

以上就是提升客户在线的 4 种方式。想要有转化率，就要有在线率，想要有在线率，就要有触达率，这就是直播变现背后的底层逻辑。

▶ 第八步：发售收尾

发售收尾并不是发售的结束，而是发售的持续。因为，**发售收尾实际上是发售成交的复盘和返场。**

在一场发售结束后，如果取得了很好的成绩，那你就可以在所有的社群里宣布你所取得的成绩，并以此为契机，安排一次发售复盘。邀请感兴趣的人重新扫码进入新的社群，然后在新群里直播，跟所有人拆解这次发售的台前幕后的故事和底层逻辑。

同时，在复盘之前，为了提升势能，你还可以快马加鞭地给在这次发售中已经付费的学员安排临时的"加餐"，给他们打造即时的获得感，然后邀请他们复盘，并发到他们所在的社群及新建的复盘群里，这样就又可以引发新一轮的口碑效应。

这对你的复盘成交也会有极大的帮助。在你发售之前，拍视频发给给你"打call"的嘉宾，别人会认为是你特意安排的，但如果是刚刚给你付费报名的学员，在听了你的一次分享后，就表示已经赚回学费、收获满满的话，那就会更有说服力。

复盘过程中，除了主IP分享之外，你还可以安排对已付费学员的采访，邀请他们做一句话的自我介绍，采访他们为什么付费，以及给他们做一对一的答疑。从而引发还在犹疑不决的客户付费。

这就是发售收尾。发售收尾，是为了给还在围观的客户创造再次付费的机会，也可以帮助你在复盘过程中形成经验积累。而且，一旦复盘结束，你又可以把复盘的录音和视频同步转化成文章进行传播，为下一次的发售积攒势能。

➤ 第九步：产品交付

产品交付，大多是以线下课的举办为标志性事件。但是，交付并不是结束。因为，交付场是流量场，也是成交场。

关于怎么通过交付获取新的流量增长，前文中我们也做了详细的拆解，包括怎么打造社交货币。

另外，具体怎么在交付好产品的同时，做好后续更高的客单价产品的成交，这需要做好销讲的设计。所以在设计线下课的时候，不仅要有培训思维，更要有销讲思维。

产品策划、策略选择、充分预告、发布长文、私域裂变、社群运营、饱和直播、发售收尾、产品交付，共9个步骤，每个步骤都是一个系统工程，也都是环环相扣的。

想要在发售上拿到很好的成果，而且是持续拿到成果，考验的并不仅仅是你对于每个系统工程的技能和技巧的掌握，更重要的是，你要打造好个人品牌，做个好人，坚持做时间的朋友。

本章总结

以上就是第六章的内容，我们做一个简单的总结：

一、私域发售就是把你私域里的全部客户，集中式地做一次变现。

二、好产品，自带成交。策划，就是要未战先胜。

三、想要卖得多，就要有足够多的人帮你卖。

四、连麦成交的本质，就是一起卖出去组合产品。

五、销讲，销是目的，讲是手段。

六、颗粒度越细，就越容易落地。

七、喊单很俗气，但是很管用。

八、一个 IP 的发售是否能成功，并不取决于他掌握了什么技巧，而在于他过往的积累和他的人品。

九、发售收尾，实际上是发售成交的复盘和返场。

十、设计线下课，不仅要有培训思维，更要有销讲思维。

大咖推荐

论学习能力、实践能力、创新能力、输出能力，家进和聪聪在我认识的年轻一辈中，都是一等一的。他们在各自担任了多本畅销书主编的情况下，有了第一本自己的书，我很为他们感到自豪。

这本书是他们在知识付费领域9年的实战经验总结，如果你想要通过个人品牌实现创业创富，那这本书就是你最好的工具书，可落地、可复制。

——李海峰（《领导力》作者，当当影响力作家，独立投资人，在投企业28家，爆款畅销书出品人，已出版40余本合集）

这是一本凝结了丰富实战经验的操作指南，作者从 6 个方面梳理并提供了详细的攻略，从产品定位到品牌打造，从私域运营到造势发售。如果你对个体创业创富有兴趣，这本书值得一读。

——Scalers（《学习的学问》《持续行动》《刻意学习》作者，当当影响力作家，个人成长教练）

AI 时代的到来让每个人的生产力都得到了飙升，每个人都有机会脱离原有组织，成为独立创造者。出来容易，但是如何符合时代规律，实现自己更大的创造呢？本书把个体的独特性和创业三要素——产品、流量、销售串联在一起，形成一套由内而外的创造、由外而内的赋能闭环，让更多创造者有机会把内心的渴望通过创业实现富足！

——易仁永澄（《重塑人生》主编，当当影响力作家，幸福进化俱乐部创始人，个人成长教练品牌课创始人）

大咖推荐

这本书像一位贴心的创业导师，用浅显易懂的语言，告诉我们如何从零开始，一步步打造热销产品、吸引流量，最终实现销售变现。更重要的是，本书还教我们如何打造个人品牌，让每个人都能成为自己领域的"品牌大佬"。不仅降低了创业门槛，还让我们明白，创业不是遥不可及的事，只要我们有想法、有行动，普通人也能轻松开启自己的创业之旅！

——徐珂（《职场幸福力》作者，《身心减负——如何过上自由又健康的生活》主编，当当影响力作家，系统排列整合导师）

这本书是创业者的财富指南，揭秘了创业创富的3大法宝：产品、流量、销售，并且深入剖析了内容创作力的重要性，还提供了实用的产品策划、流量获取和销售策略。无论你是初创者还是成功企业家，都能从中汲取宝贵的经验和智慧，助你开启财富增长之旅！

——陈晶晶（《让孩子成为阅读高手》作者，当当影响力畅销书作者，养育星球品牌创始人）

这本书能够为我们解决两个非常重要的问题：事业和财富，并且深度解析了这两个相互关联，却又逻辑不同的概念。让每一个迷茫的人都可以找到清晰的方向，也让每一个想努力的人，都能知晓如何"大力出奇迹"！

——笛子（《TikTok 爆款攻略》作者，当当影响力作家，日不落集团创始人）

　　如果你有自己的专业积累，想单干，但没流量也没市场思维，不知道怎么样把自己和产品卖好，可以看看这本书，它能在方向和方法上，给你具体的指导，帮助你搭建完整商业闭环，助力你成为能够变现的"商业体"。

——安晓辉（《职业复盘》《这本书能帮你成功转行》作者，当当影响力作家，职业规划师）

这是一本精炼的指南，不仅提供了构建和销售产品的实用策略，还深入探讨了个人品牌的力量。这本书是对每一个渴望在商业世界中留下印记的人的诚挚邀请，帮助你以清晰的眼光规划创业之旅，实现价值与梦想的双重变现。

——安吉小丽娜（《HR教你做团队沟通》作者，当当影响力作家，985高校管理沟通培训特聘专家）

这本书在我看来，是一本超级接地气、非常容易落地且可复制的创业创富的 SOP。不仅有高度和广度，更是从创业创富极致简单的核心要素出发，对个体变现做了深度的路径拆解，具有很强的实操指导性。

在书中，你不仅会看到深入浅出的底层逻辑分析，还会有"逐字稿式"的示范。可以说，他们真的是毫无保留地分享。相信此书，会对你的变现之路带来肉眼可见的帮助。

——谢菁（《活出自己》《把生活过得有仪式感》主编，当当影响力作家，国际认证教练）